누가 시킨 것도 아닌데
저 홀로 피어난 꽃처럼
나답게, 그렇게

누가 시킨 것도 아닌데
저 홀로 피어난 꽃처럼
나답게, 그렇게

지은이 | 추세경
펴낸곳 | 북포스
펴낸이 | 방현철

편집자 | 권병두
디자인 | 엔드디자인

1판 1쇄 찍은날 | 2022년 11월 4일
1판 1쇄 펴낸날 | 2022년 11월 11일

출판등록 | 2004년 02월 03일 제313-00026호
주소 | 서울시 영등포구 양평동5가 18 우림라이온스밸리 B동 512호
전화 | (02)337-9888
팩스 | (02)337-6665
전자우편 | bhcbang@hanmail.net

ISBN 979-11-5815-066-2 03190
값 14,000원

누가 시킨 것도 아닌데
저 홀로 피어난 꽃처럼
나답게, 그렇게

추세경 지음

북포스

나의 20대를 관통한 인생의 주제는 '나답게'였다. 수능이라는 입시 경쟁에서 앞만 보고 달리던 나에게 삼수 끝에 찾아온 자유라는 존재는 갈 길 잃은 방황의 다른 이름이었다. 작게는 대학생으로서 수업을 짜고 일과를 계획해야 했고 크게는 진로를 고민하고 어떤 인생을 살아야 할지 선택해야 했다. 성인이 되어 처음 마주한 세상은 경험하지 못한 다양한 색으로 빛났다. 그 안에서 나 역시 나만의 색깔을 찾아야 했다. '나다움'에 대한 고민이 시작되었다.

처음에는 자꾸 비교만 했다. 내가 어떤 사람인지 고민하지 않고 성적과 서열에 익숙해진 눈으로 다른 사람들과 나를 비교

4

누가 시킨 것도 아닌데 저 홀로 피어난 꽃처럼 나답게, 그렇게

했다. 모두 자기만의 매력을 가지고 빨주노초파남보의 무지개 색으로 빛나는데 나는 자꾸 그들의 개성을 부러워하며 스스로를 못난 사람 취급했다. 세상에는 나보다 키가 큰 사람도 많았고 잘생긴 사람도 많았다. 돈이 많은 사람도 많았고 재미있는 사람도 많았다. 말을 잘하는 사람도, 흥이 많은 사람도, 착한 사람도, 친절한 사람도 많았다. 모든 사람들이 나보다 잘나 보였고, 왜 나는 이것밖에 안 되지, 하는 생각에 빠져 있었다.

문제는 '모든 사람들과 나를 일일이 비교했다는 것이다. 빨간 매력을 가진 사람을 보면 더 빨갛지 못한 나를 자책했다. 노란색을 보면 더 노랗지 못한 내가 못나 보였다. 파란색 앞에선 왜 더 파랗지 못하냐고, 초록이 나타나면 왜 더 푸르지 못하냐고 안타까워했다. 그러다 보니 점점 더 나의 색을 찾기가 어려웠다. 이도 저도 아닌 사람, 회색 인간이 되고 있었다.

이 책은 나만의 색을 찾기 위해 노력한 경험과 그 과정에서 느낀 여러 가지 감상들에 대한 책이다. 많은 노력을 했고 다양한 시행착오를 겪었다. 덕분에 30대가 된 지금은 나다움이 무엇인

5

지 알게 되었다. 나만의 색을 찾았고 그런 나의 색이 더 깊고, 더 빛날 수 있도록 노력하고 있다.

나답게 살기 위해서는 세 가지가 필요했다. 첫 번째는 다른 사람의 시선에서 벗어나 스스로를 사랑할 수 있어야 했다. 왜 누가 나를 싫어하는지 고민하는 하루가 아니라 왜 나는 나를 좋아하는지 생각하는 하루, 그런 매일을 보내야 했다. 두 번째는 삶의 그림자처럼 따라오는 외로움과 불안, 그런 실존적인 감정들에 대한 나만의 고민이 있어야 했다. 나에게 불안은 무엇인지, 나에게 외로움이란 어떤 것인지 진지하게 고민하고 그들과 함께할 수 있는 방법을 생각해야 했다. 마지막으로는 나에게 찾아온 소중한 인연과 오늘이라는 현재에 최선을 다해야 했다. 행복은 사람에게서 온다는 것, 행복은 어제도 내일도 아닌 오늘에 있다는 것, 결국 행복하기 위해서는 주어진 환경에 감사하고 그것들에 최선을 다해야 한다는 걸 깨달았다.

나다운 삶에 대한 고민은 나다운 행복을 찾는 일이다. 나다운 행복은 내가 언제 행복한지를 아는 일이다. 누구보다 돈이 많

누가 시킨 것도 아닌데 저 홀로 피어난 꽃처럼 나답게, 그렇게

아서도 아니고 누구보다 잘나서도 아니다. 끊임없이 따라오는 비교와 서열에 대한 그림자에서 벗어나 자기만의 빛나는 무지개를 찾아야 한다. 자기만의 아름다운 색깔을 가져야 한다.

이 책에 한 가지 바라는 게 있다. 가을을 담은 나의 이름처럼 늦가을의 낙엽과 같은 책이 되었으면 좋겠다는 것이다. 바스락 밟히는 낙엽처럼 편한 울림을 주는 책, 한 걸음 한 걸음 내딛을 때마다 기분이 좋아지는 책이 되었으면 좋겠다. 아리스토텔레스는 〈시학〉에서 '언어 표현의 우수성은 진부하지 않으면서 명확한 데에 있다.'라고 했다. 일상을 이야기하지만 어디에서나 볼 수 있는 글은 아니기를 바란다. 편하게 읽을 수 있지만 마음을 울리는 글, 쉽게 읽을 수 있지만 명확한 통찰이 있는 책이 되기를 바란다.

저녁 7시
저에게 너무 많은 걸
요구하지 마세요

내가 싫으면 네가 꺼지라고

"술 앞에 겸손하며 살겠습니다."

회사 송년회에서 영업팀 대리님이 하신 말씀이다.

이날 경품이 걸린 게임과 소소한 이벤트가 열렸는데 이벤트 중에는 인물에 대한 이미지 투표가 있었다. 대리님은 우리 층, 그러니까 내가 속한 사업부에서 간이 제일 센 사람, 달리 표현하면 술을 제일 잘 드시는 분으로 선정되었다.

5대 5 가르마에 안경을 끼신 분인데, 손목을 두른 고급 시계와 반짝이는 구두가 본인을 과시하기 위함이 아닌 '가진 만큼 쓰고 있습니다.'라고 말하는 듯한 분위기를 풍기는 분이다. 심야 라디오에서 '잘 자요~' 해도 어울릴 것 같은 목소리는 대리님의 우아한 이미지를 완성하는 데 일조했는데 부잣집 도련님 같달까, 못해도 10년쯤은 외국에서 살아본 분 같달까, '저런 분이 우리 회사에 왜?'라는 생각마저 들게 만드는 그런 분이었다.

* * *

이 투표 결과의 의미를 보자면, 소주 세 병은 거뜬할 것 같은 분들도 대리님보다는 아래라는 것인데, 술꾼처럼 안 생긴 대

13

리님이 1등으로 선정된 게 나는 무척 마음에 들었다. 내 술잔을 가득 채우고 밑 잔 좀 깔지 말라던, 술은 먹으면 느는 것이라던 사람들 위에 그가 있었기 때문이다. 게다가 수상 소감이 술 앞에서의 겸손이라니, 수다스런 조기 축구 아저씨들 앞에 박지성이 등장한 순간이랄까, 돈 자랑하는 졸부 앞에 빌 게이츠가 나타나 '돈 앞에서는 겸손하세요.'라고 말하는 느낌이랄까, 앓던 이가 쏙 빠진 기분이었다.

내 주량으로 말할 것 같으면 소주로는 반 병 정도, 맥주는 500ml 두 잔 정도, 위스키로 치면 세 잔 정도다. 술을 아예 못하는 것은 아니지만 애주가들 모임에서는 나보다 못 마시는 사람은 없는 수준으로, 같은 돈을 내더라도 마시는 술의 양은 제일 적은, 그게 가끔은 억울한, 그런 정도의 주량이다. 그래도 그만큼이면 충분히 세상을 다 가진 것 같은 기분으로 잠들 수 있는 사람이다.

내 주사는, 그렇다, 잠에 드는 것이다.

주량 이상의 술이 몸에 들어오면 나는 반.드.시 잔다. 장소가 어디든, 앉아 있든 서 있든 상관없다. 친구들은 내가 잠든 모습을 재밌어했고 술잠에 들 때마다 사진을 찍었다. 그렇게 찍힌

14

사진만 수십 장인데, 미동도 없는 내 입에 과자를 물리는가 하면 자고 있는 얼굴에 엉덩이를 들이밀고 찍은 사진도 있다. 제주도의 한적한 펜션에서 여자 사람 친구들은 눈썹을 바르는 아이브로우인지 뭔지 하는 화장품으로 내 얼굴에 낙서를 했다. 잠에서 깬 새벽, 화장실 거울에서 마주친 검은 얼굴의 좀비를 보고 화들짝 놀란 적도 있다.

그런 주량에도 나는 친구들과 하하호호 즐겁게 지내왔는데 회사에 입사하고 나니 문제가 터졌다. 신입 사원 주제에 선배들과 처음 가진 회식자리부터 나는 졸기 시작했다. 한 선배가 나를 흔들어 깨웠고 밖에 나갔다 오자며 바람을 쐬게 했지만 돌아와 마신 또 한 잔에 내 머리는 또 다시 꾸벅거렸다.

한번은 입사하고 얼마 지나지 않아 우리를 환영한다(welcome to hell!)는 명분으로 임원 몇 분과 팀장님들이 자리를 마련해주셨다. 나는 1차에서 술을 사랑하는 기획팀 팀장님과 동석에 앉아 열심히 잔을 맞춰드렸지만 그날도 내 간은 앞으로 닥칠 일을 잊고 있었다. 2차로 간 호프집에서 맥주 한 입에 눈꺼풀이 감기기 시작했다. 지금은 상무가 되신 한 팀장님은 '1시간 힘들래, 평생 힘들래?'라며 나를 깨웠고 손가락을 말아 딱밤 때

저녁 7시 저에게 너무 많은 걸 요구하지 마세요

리는 시늉으로 나를 째려보셨다.

눈을 떠야겠다는 생각도 잠시, 다시 감기는 눈꺼풀은 딱밤도 막을 도리가 없었다. 눈을 한 번 감았다 뜨면 500ml 잔이 반 정도 비어 있었고 다시 감았다 뜨면 새로 주문한 잔이 자리를 차지하고 있었다. 그렇게 몇 번을 끔벅거리며 맥주의 탄생과 소멸을 지켜보다 보니 어느새 자리를 마칠 때가 되었고, 아주 푹 잔 나는 정신이 멀쩡해졌지만 괜히 불쌍한 척 동기의 팔짱을 끼고 밖으로 나왔다.

친구들과 술을 마시면 재밌으니까 '한잔~ 또 한잔~' 하다 잠에 들곤 했지만, 회사 회식은 그런 게 아니었다. 적당히 마시라는 분들도 있었지만 술을 남기면 눈치를 주거나 그러면 안 된다고 대놓고 말하는 사람도 있었다. 나는 그런 핀잔이 듣기 싫어 못 마시는 주량에도 자꾸 원샷을 했고, 마시지도 못하는 내가 회식의 달인들과 템포를 맞추려다 보니 수면의 임계점을 자꾸 침범했다.

사회생활이니 어쩔 수 없다고 말해주는 친구도 있었고 술을 강권하는 사람을 나보다 큰 목소리로 욕해주는 친구도 있었다. 두 의견 모두 일리가 있고 방향이 무엇이든 나를 위해주는

16

마음이라 고마웠다. 하지만 내가 술 때문에 힘들었던 보다 근본적인 이유는 다른 데 있었다.

업종도, 회사도, 팀 분위기도, 약한 주량으로 태어난 것도 문제겠지만 더 큰 문제는 거절하지 못하는 내 성격에 있었다. 나란 사람은, 설령 피해가 예상되더라도 거절하는 순간의 불편함이 싫어 상대방이 원하는 대로 맞춰주는 사람이었다. 거절하면 나를 싫어할지 모른다는 마음으로, 조그마한 미움이라도 살 만한 행동을 꺼렸다. 그래서인지 착하다는 말을 많이 들었지만 실은 착해서 착한 게 아니라 그렇게 행동해야 마음이 편해지는 사람일 뿐이었다.

졸음을 감수하고서라도 상대방의 음주 속도에 맞춰 잔을 들어주는 게 마음이 편했고, 늘어나는 잔의 개수만큼 사람들이 나를 좋아해 주리라 여겼다. 덕분에 '술은 못하지만 술잔을 빼지 않는 신입사원'이라는 타이틀을 얻게 되어 뿌듯한 기분이 들기도 했다.

한국 사회에는 나 같은 사람이 많은지 〈미움 받을 용기〉라는 책이 발간되자마자 베스트셀러에 올랐다. 그런 현상을 보노라면 친절 강박증이나 거절 유전자 결여증은 개개인의 성향이 아니라 사회 문화적인 영향도 한 몫 하는 것 같은데 그걸 감안하고서라도 나는 유독 그런 성향을 타고난, 유교 사회 최고의 인재랄까.

그런데 언젠가부터 나는 이런 나의 기질을 하나의 특성으로 받아들이지 못하고 자존감이 낮아서 그런 거라고 생각하기 시작했다. 부족한 자존감 때문에 거절을 못하는 거라고, 그래서 상대방의 기호에 자꾸 나를 맞추는 것이라고 말이다.

자존감이 낮은 사람이라는 생각이 들자 극복하고 싶은 마음이 들었다. 그래서 20대의 많은 시간을 무너진 자존감의 탑을 쌓기 위한 시간으로 보냈다. 심리 관련 책을 여러 권 읽었고 매일 다이어리에 '나는 나 스스로 소중하다. 언제 어디서든 당당하다.'라는 문구를 적곤 했다. 〈미움 받을 용기〉 1편은 세 번도 넘게 읽었고 새해가 되면 '거절을 잘하는 사람이 되자'를 목표로 삼았다. 하지만 회사에 들어간 나는 스물아홉을 먹어서도 술잔 하나 거절하지 못했고, 짠 한 번 거절하지 못한 채 살고 있었다.

누가 시킨 것도 아닌데 저 홀로 피어난 꽃처럼 나답게, 그렇게

* * *

　그러던 가을날이었다. 선배들이 내 생일을 축하해준다고 회식 자리를 마련했다. 그때는 이미 술에 대한 거부감이 커진 상태였지만 나를 위한 자리라는 생각에 주는 대로 받아 마셨다. 그렇게 잔을 들이붓다 보니 다음날 출근을 못할 지경이 되었다. 팀장님께 아프다는 문자 한 통만 드린 채 회사를 빠졌다. 첫 결근이었고, 그날 이후로 술 때문에 쌓였던 고름들이 터지기 시작했다. 몸이 아픈 것도 그중 하나였다.

　그렇게 수개월을 아프다 보니 부모님이 힘들어하는 모습이 눈에 밟혔다. 엄마의 두 눈에 눈물을 고이게 만든 내가 한심했다. 친구는 나에게 '그런다고 네 가치가 올라가?'라고 자기 한 몸도 못 챙기는 나를 나무랐다.

　그때부터다. 2,000번을 넘어져야 두 발로 걸을 수 있는 아기처럼, 100℃가 넘어서야 끓기 시작하는 물처럼, 신기하게도 그 이후로, 타이밍이 묘하게는 30살이 되면서부터 나의 인간관계는 조금 달라졌다. 조금은 쿨해졌달까, 물론 타고난 성향과 살아온 관성 때문에 완전한 변신이라고는 못하겠지만 미묘하게 달라진

19

마음의 방향을 나는 분.명.히 실감했다.

모든 사람에게 인정받고자 하는 나의 '이기적인' 행동이 나쁜 아니라 내가 사랑하는 사람들에게 상처를 줄 수 있음을 배웠기 때문이다. 가장 가까운 이들의 상처는 돌고 돌아 나에게 온다는 것을 깨달았고 그렇게 돌아오는 아픔은 꽤나 많이, 생각보다 훨씬, 나를 힘들게 했다. 내 인생에 등장하지 않았어도 별로 아쉬울 것 없는 누군가를 위한 나의 행동이 나를 진심으로 아껴주는 이에게는 아픔이 될 수 있음을 알게 된 것이다.

'왜 너네 때문에 내 사람이 힘들어야 해?'라며 억울할 때도 있었지만 누굴 탓하리오, 결국은 삶의 중심이 없던 내 잘못이었다.

그제야 돌아보니, 나는 이미 가까운 사람들에게는 거절을 잘하는 사람이었다. 내가 거절해도 나를 좋아해 줄, 내가 거절해도 이미 나를 마음에 담아준, 그런 지인에게는 누구보다 거절을 잘하는 '프로 거절러'였다. 아빠가 맥주 한잔을 권해도 피곤하다며 방에 들어가는 나였고 엄마가 산책하러 가재도 축구해야 한다며 거절하던 나였다. 그들에겐 그렇게 쿨했으면서 내 칠순 잔치에 올지 말지도 모르는 누군가를 위해 왜 나는 싫은 소리 한

누가 시킨 것도 아닌데 저 홀로 피어난 꽃처럼 나답게, 그렇게

21

저녁 7시 저에게 너무 많은 걸 요구하지 마세요

번 못하고 살아왔는지, 관계라는 건 멀수록 무심하게, 가까울수록 섬세하게 해야 한다는 걸 왜 이제야 깨달았는지 모르겠다.

* * *

나는 이제 회식에 가도 내 주량 이상의 술은 마시지 않는다. 원샷을 권해도 분위기를 깨지 않는 선에서 한두 번이면 충분하지 그 이상은 어렵다고 말한다. 주량이 원래 약하다고, 더 이상은 힘들다고 허허 웃으며 솔직하게 표현한다. 소통에 필요한 기본적인 예의와 배려는 갖추되 상대방이 원한다는 이유 하나만으로 그가 바라는 모든 것에 맞춰주지 않는다.

나는 매번의 술잔을 원샷할 능력은 없지만, 파일철에 베인 대리님의 손가락에 정성스레 밴드를 붙여줄 수 있는 사람이고, 조금 바뀐 과장님의 머리를 보고 '미용실 다녀오셨네요.' 하며 살갑게 관심을 기울일 수 있는 사람이다. 그런 '나다움'을 인정해주지 않고, 내가 술을 마시지 않는다는 이유만으로 나를 싫어하는 사람이라면, 나도 네가 싫다고, 내가 싫으면 네가 꺼지라고, 당신의 인정이 없어도 나는 충분히 행복하다고, 그렇게 말할 수

22

있는 용기가 필요하지 싶다.

　살아가는 데 필요한 건 그들의 억지 인정이 아니요, 내가 좋아하는 한 사람의 진실한 마음이고, 그 한 사람의 사랑이 나의 미움 받을 용기이니, 이제 나는 그를 믿고 나답게 살 수 있기를, 부디 그렇게 되기를, 오늘도 내일도 간절히 다짐하는 바이다.

저녁 7시 저에게 너무 많은 걸 요구하지 마세요

내
삶이
늦게 피는 꽃이라면

올해는 벚꽃이 유독 오래가는 것 같다. 꽃이 폈다며 방방 뛰었던 게 엊그제 같은데 벌써 3주째 벚꽃을 보고 있다. 오래가는 벚꽃나무가 좋으면서도, 전과 달리 쉬 지지 않는 모습이 낯설다.

벚꽃이 지지 않는 이유는 꽃을 시샘하는 날씨 때문인 것 같은데 여전히 조금은 쌀쌀한 기온과, 마스크로 수놓은 거리가 묘하게 어울린다고 해야 할까, 봄을 만끽하기엔 사람들의 마음이 아직은 겨울이라고 해야 할까. '너는 사람들을 위로하고 싶어서 이렇게 오래 머무는 거니?' 벚꽃에게 묻고 싶다.

봄과 벚꽃을 좋아하긴 하지만 올해처럼 수차례, 긴 시간 동안을 즐겨본 적은 없었다.

'사는 게 바빠서.'라고 말하기엔 사실이 아닌 듯하여 머리 한 번 긁적이게 된다. 봄을 온전히 내 안에 담으며 살아본 적이 없다.

하지만 올해는 조금 달랐다. 출근해서는 점심시간마다 경의선 숲길의 꽃길을 즐겼고 퇴근하면 글 쓴다는 핑계로 벚꽃 만개한 신촌의 거리를 걸었다. 지난 주말에는 친구들과 보령 오천항에서, 어제는 부모님이 계신 충남 공주에서 꽃구경을 했다. 그렇게 자주 만나다 보니 녀석의 새로운 모습을 알게 됐는데 그중

25

하나가 '떨어지는 꽃잎'에 대해서다.

* * *

　하루는 카페에서 글을 쓰다가 머리를 식힐 겸 산책을 나왔
는데 한 젊은 여자가(신촌이니까 여대생으로 짐작하는데) 나무 아래
손을 모으고 있었다. 그 광경이 눈에 띈 지 얼마 지나지 않아 팔
랑팔랑 꽃잎 하나가 그녀의 손에 떨어졌다. 학생은 입꼬리를 올
리며 미소를 머금었다. 그녀의 미소와 떨어지는 벚꽃과 하늘에
서 쏟아지는 햇살의 3박자가 완벽해 잠시 멈춰 그 장면을 바라
볼 수밖에 없었다. 주책없이 내 입꼬리는 왜 올라가는지 '벚꽃
잎 하나로도 사람은 행복해질 수 있구나' 싶었다. 글의 소재가
될 것 같아 순간을 두 눈에 담았다, 찰칵.

　어제는 가족들이랑 공주 산성에 갔다. 공주 공산성은 금강
옆에 자리 잡은 백제의 성곽으로 고려 시대, 조선 시대 때 군사
적 행정적 요충지였다. 엄마는 내가 유치원에 다닐 때 소풍 온 적
이 있다고 말씀하셨지만 나는 통 기억이 없다. 살랑살랑 사진을
찍는 엄마와 누나를 뒤로하고 산성을 두른 성벽 위를 걸었다. 그

26

리고 태어나 처음 보는 풍경을 만났다. 벚꽃 잎이 성 아래에서 성벽을 타고 승천하는 모습이었다.

성벽 아래에는 벚꽃 나무가 군락을 이루고 있었는데 마침 성벽을 타고 상승기류가 만들어지면서 떨어진 벚꽃 잎들이 분수처럼 솟구치며 흩날렸다. 바람 탄 벚꽃 잎은 벽을 넘어 산성 위로 분분히 떨어졌다. 나는 그 모습이 신기해 발걸음을 멈추고 바라보았다. 나무 밑에서 벚꽃 비를 맞아본 적은 있어도 하늘에서 내려오는 벚꽃 눈을 맞아본 적은 처음이었다. 발밑으로 작게 보이는 나무들과 그 옆을 흐르는 강물, 그리고 하늘을 휘날리는 벚꽃 잎에 나는 황홀함을 느꼈다.

벚꽃은 만개한 벚꽃만이 전부가 아니구나, 떨어지는 꽃잎도 이렇게 매력적이구나, 이번 봄, 하나 배웠다. 룰루.

성벽 위를 걸으며 여러 생각을 했다. 봄이라 기쁘긴 하지만 한편으로는 옆구리가 허전했고 불안한 미래에 인간관계는 잘 맺고 있는지… 봄날 피어난 아지랑이처럼 생각의 물결이 연이어 일었다. 그러다 문득 떠오른 장면이 있었다.

예전에 ROTC 동기와 축구에 대해 이야기하던 중 '늦게 피는 재능도 있어, 형.'이라며 나를 돌아보게 만들었던 그 말. '이 녀

27

석이 동생이… 맞나?' 싶을 만큼 울림 있는 말이었다.

만개한 꽃보다 떨어지는 꽃이 아름다울 수 있고, 늦게 피는 꽃처럼 늦게 피는 재능이 있듯이, 내게 익숙한 많은 것들이 내가 믿는 그대로가 아닐 수도 있다는 생각이 들었다. 세상엔 아직 내 경험 밖에서 살아가는 것들이 많고 그래서 앞으로 알아 가면 좋을 것들도 정말이지 많은데, 지금의 나는 얕은 경험과 지식에 갇혀 이 세계와 그 사람들을 오해하고 있지는 않은지, 그 선입견이 나쁜 색안경이든 근거 없는 낙관론이든 섣불리 판단을 내리기 전에 그들과 함께 시간을, 좀 더 가까이서 오랜 시간을, 함께해야 하지 않을까 싶기도 했다.

나를 이해하는 일도 다를 게 없다.

내가 생각하는 내 모습이 나의 전부가 아닐 수 있고, 내가 걸어가는 이 길이 틀릴 수도 있다. 그게 다가 아닐 수 있음을 알고, 때로는 성벽 위에 멈춰 승천하는 꽃잎을 바라보듯, 그렇게 잠시 서서 나를 둘러싼 세계를, 그 안의 나를, 돌아볼 일이다.

그 과정에서 느껴지는 우리의 다양함을 포용하고, 내가 내렸던 판단이 전부가 아님을 깨쳐나갈 때, 좀 더 내 안 깊숙이 누군가를, 그와 함께인 나라는 사람을, 받아들일 수 있지 않을까.

28

만개한 나와 너의 모습도 보고 싶고 떨어질 때의 너와 나의 모습
도 궁금해진, 행복하면서도 아련한, 그런 황홀한 봄날이다.

저녁 7시. 저에게 너무 많은 걸 요구하지 마세요

알고 보면 나도 꽤 괜찮은 사람이야

사람들은 세 가지의 삶을 산다.

공적인 삶과 개인의 삶 그리고 비밀의 삶이다. 〈완벽한 타인〉
이라는 영화에 나오는 이야기다. 사람의 모습은 환경에 따라 달
라지는데 사회적인 자아와 개인으로서의 자아가 다를 수 있다
는 것이다. 그렇게 한 사람 안에 존재하는 여러 자아를 요새는
'멀티 페르소나'라고 한다. 회사에서는 꼰대 같은 상사도 가정에
서는 누구보다 따뜻한 아버지일 수 있고, 언제나 관대하고 친절
해 보이는 옆집 아저씨도 가정폭력의 주범일 수 있다.

나다운 삶을 위해서는 개인일 때의 자신을 사랑할 수 있어
야 한다. 혼자일 때의 나의 모습을 사랑할 수 있느냐, 없느냐가
'나답게'를 결정짓는 열쇠다. 영화 〈완벽한 타인〉의 표현을 빌자
면 '공적인 삶'보다는 '개인의 삶'과 '비밀의 삶'에 답이 있다.

＊ ＊ ＊

한번은 죽은 쥐를 묻어준 적이 있다. 2016년 겨울이었고 군
복무 시절이었다. 장교였던 나는 영외 숙소에서 출퇴근하는 일
상을 보내고 있었다. 평일이었으면 동료의 차를 타고 집을 나섰

31

겠지만 그날은 주말이라 도보로 40분 거리인 부대를 직접 걸어서 출근했다. 숙소를 나와 인도를 따라 걷고 있는데 전봇대 옆에 조그마한 쥐가 죽은 듯 누워 있었다. 눈만 꼭 감고 있어서 첫눈에 죽음을 확신하긴 힘들었다. 잠시 숨을 죽인 채 바라본 쥐는 그러나 미동조차 없었다. 살짝 눈살을 찌푸린 채 가던 걸음을 다시 옮겼다. 그대로 지나친 이유는 그게 쥐였고, 사체였기 때문이다.

일을 마치고 퇴근하는 길에는 눈이 내렸다. 숙소를 향해 걷고 있었는데 아까 그 쥐가 그 모습 그대로 눈에 덮여 있었다. 함박눈이었으면 전신을 가렸을 텐데 희미한 눈발이라 반만 덮인 채였다. 발길이 멈추고 나도 모르게 손길이 움직였다. 뭔가 안쓰러운 마음이었다. 옆 화단에 작게 구덩이를 팠다. 그래도 꺼림칙한 느낌은 다 지우지 못해서 손가락 끝으로 꼬리를 잡고 묻어주었다. 나름 무덤 흉내를 낸다고 나뭇가지까지 꽂아줬다.

살면서 인상 깊은 장면 중에 하나고 지금에 와서는 꽤나 중요한 순간으로 기억하고 있다. '나를 사랑하는 방법'에 대한 상징 같은 기억이기 때문이다.

이때의 기억이 중요한 이유는 그런 작은 생명에도 '연민'

누가 시킨 것도 아닌데 저 홀로 피어난 꽃처럼 나답게, 그렇게

을 느낄 수 있는 마음이 내 안에도 있다는 것을 확인한 날이었기 때문이다. 모기는 수도 없이 죽였고 동네를 배회하는 길고양이한테는 먹이 한 번 준 적이 없는 나였다. 때로는 냉정하고, 때로는 차가운 사람이었지만 그래도 그날은 죽은 쥐를 불쌍히 여기는 마음이 생겼고 그걸 행동으로 옮겼다. 그리고 그날의 일은 '나도 작지만 온기를 안고 살아가는 사람이구나'라는 기억으로 내게 남았다.

나다운 삶을 살기 위해서는 내가 나를 칭찬해줄 수 있는 기억들이 많아야 한다고 생각한다. 누군가의 호감을 사기 위해 애써 하는 행동이 아니라 자기 내면의 기준을 만족시킬 수 있는 순간이 필요하다. 남들에게 잘 보이기 위한 행동보다는 자기를 사랑할 수 있는 기억을 많이 만들어야 한다. 착하게 보여야 한다는 강박으로 쥐를 묻어주는 게 아니라 스스로가 생각하기에 옳다고, 또는 맞다고, 때로는 좋다고 느끼는 그런 행동을 할 수 있어야 한다.

* * *

　　이효리는 〈캠핑 클럽〉이라는 예능프로에서 남편인 이상순
과의 일화를 들려줬다. 어느 날 이상순은 이효리와 함께 나무 의
자를 만들고 있었는데 의자 밑바닥을 깎는 일에 열중하고 있었
다. 이효리는 그런 남편의 행동이 답답했던 모양이다.

　　이효리 : 여기는 사람들이 안 보잖아, 누가 알겠어?
　　이상순 : … 내가 알잖아.

　　덤덤하게 내뱉은 이상순의 '내가 알잖아.'라는 말에 이효리
는 깨달았다. 남의 시선보다 내가 만족하는 게 얼마나 소중한 일
인지를. 그렇게 스스로가 자신을 기특해하는 순간이 많을수록
자신을 보다 더 사랑할 수 있음을 배웠다.

　　그간 읽었던 수많은 책보다 이효리의 이야기가 내게 더 큰
울림을 주었다. '나를 사랑하자, 남들 눈치 보지 말자'라는 글귀
를 수백 번 되뇌는 것보다 조금 작아도 하루에 한두 번 그렇게
자기 자신을 칭찬할 수 있는 일을 하는 게 중요했다.

34

그동안 나는 반대로 살았다. '보여지는 삶'에 더 많은 시간을 들였다. 누군가에게 인정받기 위해 예스맨을 자처했고, 사소한 부탁조차 딱 부러지게 거절하지 못했다. 그런 행동 자체가 문제일 리는 없지만 그게 문제라고 생각되는 이유는, 그 행위에 내가 없었기 때문이다. '내가 원하는 것', '내 감정', '내가 옳다고 생각하는 것'이 없었다. 내 생각과 달라도 남들이 맞다고 하니까, 남들이 좋다고 하니까 따랐을 뿐이었다. 그렇게 누가 칭찬이라도 해주면 그게 또 좋아서 같은 행동을 반복했다.

물론 인정받고 싶은 욕구는 관계 속을 살아가는 인간의 본능이고, 존재를 인정받기 위한 자연스러운 감정일지 모른다. 하지만 그렇게 자꾸 타인의 잣대에 나를 맞추다 보면 '진짜 내 모습'을 잃을 수 있다. 만나는 사람들의 기호는 셀 수 없을 만큼 다양한데 무슨 재간으로 다 맞출 수 있을까.

겨울밤 죽은 쥐를 묻어줬던 기억은 마음에 남아 나라는 사람이 때로는 작은 생명 하나에도 연민할 줄 아는 사람이라는 걸 알려줬다. 그 기억 덕분에 가끔은 내 안에 그렇게 따뜻한 모습도 있다는 걸 기억할 수 있게 되었다.

스스로를 사랑하기 위해서는 자기가 자신을 칭찬할 수 있

저녁 7시 저에게 너무 많은 걸 요구하지 마세요

누가 시킨 것도 아닌데 저 홀로 피어난 꽃처럼 나답게, 그렇게

는 행동을 의식적으로라도 해야 한다. 공적인 삶을 위해 모든 에너지를 쏟지 말고, 혼자 있을 때, 나 혼자만 아는 내 모습을 예뻐할 수 있는 행동을 해야 한다. 미움 받을 용기는 그런 기억이 쌓이며 자란다. '사람들의 미움을 받아도 되니 막무가내로 행동해라. 그게 자신을 사랑하는 일이다'라는 게 아니다. 다른 사람이 나를 어떻게 보느냐를 생각하기에 앞서 자기만의 잣대를 가지고 스스로의 기준을 충족시킬 수 있는 행동을 축적하라는 말이다. 자기의 욕구를 사랑하고, 자신의 기호를 존중하고, 그 안에 있는 스스로의 행복을 찾을 때 우리는 행복할 수 있다. 그렇게 먼저 자기를 사랑하다 보면 때때로 남과 생각이 갈리는 지점에서도 내 기준에 따른 선택을 할 수 있다.

남의 수긍보다 나 스스로 납득되는 삶을 살고 싶다. 자기 자신이 기특하다고, 누가 뭐라 해도 부끄럽지 않다고 스스로를 다독일 수 있는 삶을 만들고 싶다. 내가 나를 알아주는 삶, 나만 알아주어도 괜찮은 삶, 그렇게 스스로를 사랑하는 인생을 살고 싶다.

정해진 길이라는 착각

"사람이 자기 운명을 앞서려고 해서는 안 된다."

89년을 살아오신 친할머니는 자식들이 모두 탈 없고, 추석날 함께 모일 수 있는 것만으로도 행복하다고 하셨다. 과한 욕심을 부리면 안 된다고, 사람은 자기 운명을 이기려고 하면 안 된다는 말씀도 덧붙이셨다.

운명이란, 인간의 힘을 뛰어넘는 초인간적인 힘, 생사나 존망을 좌우하는 힘이 있다는 생각에서 탄생한, 참 매력적인 단어다. 사는 게 뜻대로 풀리지 않을 때 사람은 운명을 생각한다. 이건 내 잘못이 아니라고, 노력해도 어쩔 수 없는 일이 있다고 여긴다. 그리고 때로는 그 운명을 받아들이려고 노력한다.

* * *

한번은 엄마가 사주를 보고 오셨다. 평소 엄마는 점 보는걸 멀리하는 분이었고 하루하루 성실하면 된다고 말씀하시는분이었는데 마침 같은 회사 직원이 사주풀이를 배우셨다기에 재미삼아 보셨던 것 같다.

그분이 엄마에게 '아들은 간이 약하다'고 하셨나 보다. 그

얘기를 듣고 엄마는 나에게 술을 조심하라고, 무리하지 말라고 하셨다. 그 말씀에는 나도 동의했다. 나는 술을 한 잔만 먹어도 얼굴이 빨개지는 체질이었다. 억지를 부리면 소주 한 병 이상도 마실 수 있지만 토하거나 잠에 들곤 한다. 간이 좋아야 주량이 세다고 알고 살았으니 생년월일만 가지고 간이 약하다는 점괘를 맞춘 게 그저 신기할 뿐이었다. 그래서 나에게는 하나의 믿음이 생겼다. 나는 간이 약하다고, 그게 내 운명이라고 말이다.

7월 이후로 컨디션이 별로였다. 쉽게 지쳤고, 자꾸 알레르기가 생겼다. 병원에서 처방받은 피부 연고를 발랐지만 병변이 다른 부위로 번졌다. 피부 자체의 문제가 아니라 면역력이 약해진 것 같았다. 무리한 회식이 있던 날로부터 시작된 증상들이었다. 이번에도 간이 말썽이구나 싶었다. 맞다… 나는 간이 약했지, 라는 생각이 들었다.

여자 친구는 그런 내 상태를 알고 한의원에 가서 체질 검사를 받아보자고 했다. 선배가 자주 다니는데 잘 본다고 했다. 혈압을 쟀고 맥박과 심박, 스트레스 지수 등을 점검했다. 검사 결과지를 손에 들고 내 맥박을 짚어본 한의사는 나에게 궁금한 게 있느냐고 물었다. 반짝이는 롤렉스시계에 금반지를 끼신 분이었

누가 시킨 것도 아닌데 저 홀로 피어난 꽃처럼 나답게, 그렇게

다. 넓고 동그란 얼굴에 목소리가 힘차 환자들이 신뢰할 것 같은 인상이었다. 특히 어른들에게 인기가 좋을 것 같았다.

선생님에게 나의 체질과 간 건강이 피부에 미치는 영향에 대해 물었다. 피부가 자꾸 가려운 게 체질 때문이냐, 체질적으로 간이 약한 거냐, 간이 약해서 피부가 아픈 거냐고 물었다. 근데 선생님의 대답은 의외였다. 나의 체질은 태음인이고, 태음인은 간이 건강한 체질이라고 했다. 맥을 짚었을 때도 간은 건강하다고 했다. 다만 태음인은 장과 폐가 약하니 운동을 꼭 해야 한다고, 유산소 운동으로 땀을 흘려야 건강하게 살 수 있다고 했다. 우스갯소리로 태음인은 군인이나 운동선수 아니면 막일을 해야 한다고 했다. 그만큼 몸을 많이 움직여야 건강할 수 있다는 말이었다.

생각해보니 거리 두기 4단계 이후로는 유산소 운동을 못했다. 일주일에 한두 번 하는 축구가 유산소 운동의 전부였는데 거리 두기 때문에 본의 아닌 운동 단식 중이었다. 시기가 겹쳐 회사에서는 스트레스가 많았고 주식시황도 나빴다. 약속이 겹쳐 술자리도 잦았다. 운동은 손 놓고 있는데 스트레스는 늘었고 몸에 안 맞는 술도 자꾸 마셨다. 그러니 몸이 쳐질 수밖에 없었다.

41

42

누가 시킨 것도 아닌데 저 홀로 피어난 꽃처럼 나답게, 그렇게

선생님은 말했다. 체질적으로 폐와 장이 안 좋으면 알레르기가 생길 수 있다고, 그게 피부나 비염으로 올 수 있다고 하셨다. 간이 나빠서라기보다는 폐와 장 쪽의 문제로 보인다고, 그러니 운동을 많이 하라고, 그러면 나아질 거라고 하셨다.

사실 머리가 크고 나서는 의사의 말을 전부 믿지는 않는다. 전혀 신뢰를 안 한다는 말은 아니지만 그렇다고 들려주는 모든 이야기를 믿지는 않는다. 환자를 위하지 않는 의사도 있고 그게 어떤 분야든 사물이나 현상을 100% 알고 있는 기술이나 학문은 없다고 생각하기 때문이다. 잠깐의 대면 진료로 나의 상태를 온전히 파악할 수 있다고는 믿지 않는다. 혹시 정밀 검사를 하더라도 '알 수 없는 것은 알 수 없다'라고 생각한다. 조금 죄송하지만 나의 맥을 짚어 주신 선생님의 말씀을 진리처럼 생각하지는 않는다. 혹시 틀렸을 수 있음을 염두에 두고 있다.

그럼에도 그분의 말을 신뢰하는 이유는 나의 간 건강에 대해서 이야기해준 최초의 전문가이기 때문이다. 간이 안 좋을 거라는 나의 믿음은 그저 술에 약하다는 평소 생각과 명리학을 공부했다는 어떤 분의 한마디 말씀에 단단한 바위처럼 굳어졌다. 전문가의 말도 걸러 들으려는 사람이 간이 약할 거라는 생각을 순순히 받아들이고 살았다. 단 몇 분간의 대화로 그 믿음은 깨졌고 문득 건강검진에서 간수치 결과가 좋았던 게 떠올랐다.

* * *

사람은 잘못된 믿음으로 평생을 살 수도 있겠구나, 하는 생각이 들었다. 사주풀이 에피소드가 있은 지 몇 해 뒤 엄마는 태어난 시각을 잘못 알려줬다고 말씀하셨다.

인간은 제한된 정보 속에 각자의 믿음을 가지고 살아간다. 나이가 들수록 고집이 세지는 이유는 여러 가지 경험들을 자기가 믿는 대로만 해석하기 때문이다. 하지만 그런 믿음은 인생의 어느 순간 잘못된 선택의 단초가 되기도 한다. 이번 계기가 아니었으면 나는 나쁜 간을 운명으로 믿고 몸이 안 좋을 때마다 매번 간을 탓하며 우루사와 밀크시슬을 입에 달고 살았을지 모르겠다.

할머니의 말씀처럼 인간은 운명 앞에서 작은 존재일지 모른다. 운명을 앞서려고 해서는 안 될지 모른다. 하지만 자기 운명을 제대로 아는 이가 얼마나 될까. 만일 운명이 뭔지 모른다면 무작정 믿기보다는 차라리 엄마 말씀처럼 하루하루 최선을 다하는 게 나아 보인다. 주어진 일들에 최선을 다하며 때때로 찾아오는 선택의 순간이 훗날 후회가 되지 않도록 하는 삶이어야겠다. 그런 연후에 마주하는 삶이라면 그때 받아들이면 된다.

게을리하던 유산소 운동을 다시 열심히 해야겠다. '축구를 하니 됐지, 뭐.'라고만 생각하지 말고 축구장에 못 나갈 때도 조금 더 뛰고 한 번 더 걷기 위해 노력해야겠다. 그렇게 폐와 장을 건강히 해서 면역력을 높여야겠다. 알레르기와 맺어진 운명을 거부한다.

비교 불가능한 나의 삶을 위해

나는 사람을 믿지 않는다.

여기서 말하는 '믿음'은 다른 사람이 나를 위해서 무엇을 해줄 수 있을 거라는 믿음이다. 왜 나를 챙겨주지 않느냐고, 가족이라면, 친구라면 그래야 하지 않느냐고 기대하지 않는다. 각자만의 무게를 지닌 게 인생이고 나 역시 내 인생을 꾸려가기도 쉽지 않다. 그들이 나를 위해 살 수도 없고 내가 그들을 위해 살 수도 없다. 인생이라는 여행을 즐기기 위해선 여권을 잃어버리지 않는 게 첫째다. 내 가방은 누가 챙겨주지 않는다.

인간은 불완전한 존재인 데다 심지어 변덕스럽기도 하다. 그래서 나는 나도 '온전히' 믿을 수 없다. 괜찮아 보일 때도 있지만 도대체 왜 이럴까 싶을 때도 있다. 남에게 의지가 될 만큼 긍정적일 때도 있지만 누군가에게 자꾸 기대고 싶을 만큼 부정적일 때도 있다. '둘 중 어느 게 너야?'라고 묻는다면 '둘 다 나야.'가 맞지 싶다. 다만 그런 와중에도 변치 않는 게 있다면 밥을 먹지 않으면 배가 고플 예정이라는 것, 잠을 자지 못하면 예민해지리라는 것, 그리고 하루에 꼭 몇 번은 화장실에 들러야 한다는 것 정도다.

'인생은 혼자니 혼자만 잘 먹고 잘살아보자'라고 말하고 싶

47

은 건 아니다. 물론 나도 혼자 있고 싶을 때가 있고, 그런 시간을 좋아해서 글쓰기도 하지만 사람의 따뜻함이 그리울 때가 더 많다. 울리지 않는 핸드폰을 붙잡고 카톡이 오기를 기다린 적도 수없이 많고 생일이면 누가 연락하는지 설레는 마음으로 하루를 보내기도 한다. 글을 쓰는 이유도 마찬가지다. 살면서 느끼는 여러 감정을 다른 사람들에게 공유하며 진심 어린 공감을 받고 싶어서다. 그런 건 나뿐이 아닌 것 같다. 인스타그램과 카카오톡이 우리 시대의 중심으로 자리 잡은 건 우리가 사람 없이 살 수 없기 때문이다. 괜히 인간(人間)이 아니다.

인생이 힘든 이유는 그 때문이 아닐까. 자기 스스로도 믿을 수 없는 불완전한 우리가 서로 어울려 살아야 하는 그런 까닭. 남을 믿지 못하는 내가 남과 어우러져 살려고 하니, 인생이 힘든 게 아닐까 싶다. 그중에서도 우리를 가장 힘들게 하는 것은 우리 각자가 모두 다르다는 사실이다. 태어난 환경도 다르고 살아가는 능력도 다르고 생김새도, 피부색도, 심지어는 지문도, 홍채도 모두 다르다. 그런 다름이 그저 다름이라면 문제없겠지만 우열을 따지기 시작하면 그게 우리를 괴롭히는 출발점이 되겠다.

세상에는 뭔 놈의 엄친딸과 엄친아가 그렇게 많은지 서른이

누가 시킨 것도 아닌데 저 홀로 피어난 꽃처럼 나답게, 그렇게

넘은 요새는 엄친아아(엄마 친구 아들의 아들) 소식도 들린다. 그들 얘기를 듣고 엄마는 '아들은 결혼은 언제 하고 아기는 언제 낳아?'라고 묻는데 귀여운 엄마는 그런 것도 수줍게 말해서 괜히 내가 미안해진다. 잔소리처럼 늘어놓았으면 짜증이라도 낼 텐데 그렇지 못한 엄마라서 마치 내가 엄마의 행복을 저당 잡고 있는 것 같아 괜히 마음이 급해진다. '나만의 삶의 속도가 있다고요!' 라고 말하고도 싶지만 손주 본 친구가 부러운 엄마를 탓할 수도 없는 노릇이다. 눈엣가시 같은 엄마 친구의 아들, 그들만 없었어도 세상이 좀 더 아름다워지지 않았을까, 푸념도 해본다.

* * *

알랭 드 보통은 남과의 다름이 불안을 가져온다고 했다. 사람들이 불안해하는 이유는 사회적 사다리에서 우리가 너무 낮은 단을 차지하고 있거나 지금보다 더 낮은 곳으로 떨어질까 두려워서라고 했다. 그런 그의 주장에 '나는 전혀 그렇지 않아!'라고 자신 있게 말할 수 있는 사람이 있을까. 친구의 취업 소식에 마냥 기뻐할 고시생과, 동생의 결혼 소식을 두 손 모아 환영할

49

노총각이 세상에 얼마나 있을까. 부족할 게 없어 보이는 재벌가의 자식들도 서로 자산을 비교한다는데, 말 다했다. 우리는 끊임없이 누군가와 비교하고, 비교당하며 산다. 인생이 힘든 건 외로움이 한몫하는데 그렇다고 더불어 살자니 자꾸 내가 초라해 보이고 불안해진다. 외로움과 불안은 평생 우리를 괴롭힌다.

사실 우리를 정말로 힘들게 하는 건 건물을 자랑하는 연예인이 아니고 로또 1등에 당첨된 아무개가 아니다. 도리어 내가 의지하는 사람들, 나와 가장 가까운 이웃들이다. 8촌이 땅을 사는 것보다 4촌이 땅을 살 때 배가 더 아픈 이유는 우리가 서로의 삶을 비교하며 살아가기 때문이겠다. 친구와 선후배 심지어는 형, 누나, 동생 등의 형제까지, 인생을 함께하는 우리의 동료들이 우리의 진짜 라이벌이다.

그건 나도 마찬가지다. 친구의 취업 소식을 기뻐하면서도 그 회사의 월급이 우리 회사보다 많은지 적은지 검색해본 적이 있다. 전문직 자격증을 딴 친구에게 고생했다고, 축하한다고 하면서도 앞으로 친구가 받게 될 연봉이 얼마나 될지 부러워하기도 했다. 내가 사랑하는 친구들이고 그들의 앞길을 응원하기도 하지만 그렇게 축하만 하기엔 자꾸 낡아 빠진 내 사다리가 눈에

누가 시킨 것도 아닌데 저 홀로 피어난 꽃처럼 나답게, 그렇게

밟히고 가만히만 있으면 바닥으로 떨어질 것 같은 느낌에 불안해했다.

나를 글쓰기로 이끌어준 친구가 있다. 영어회화는 한국에서도 할 수 있다며 프리랜서 영어강사로 활약하고 있다. 말로만 작가가 꿈이라고 떠들어 대던 내게 실천은 왜 하지 않느냐고 질책하는 친구였다. 처음에는 잔소리하는 친구가 미웠지만 친구 덕분에 결국 이렇게 글을 쓰기 시작했다.

어느 날 친구가 그랬다.

"나는 남과 비교하며 살아본 적이 없어. 단지 과거의 나보다 나아지려고 노력하고 있고 다행인 건 매년 성장하고 있다는 사실이야."

'청춘 만화 주인공인 줄 아나?' 싶었지만 그래도 멋있었다. 남보다 좋은 회사, 남보다 높은 연봉, 남보다 더 나은 생활을 바라는 게 보통인데 친구는 삶의 기준이 자기에게 있었다. 그 친구의 속마음을 다 알 수는 없지만 아마도 나를 응원해주는 이유도 그의 말이 진실이기 때문이지 않을까 싶다.

글쓰기를 시작한 이후로 더 많이 행복해졌다. 글은 내게 취미이자 목표가 되었다. 창작의 기쁨과 괴로움을 느끼기도 하고

51

잘 쓰고 싶다는 바람으로 하루하루가 충만하기도 하다. 그리고 무엇보다 기쁜 건 바깥으로만 향하던 비교의 시선을 내 안에 잘 가두고 있다는 실감이다. 나보다 돈을 잘 벌든 못 벌든, 더 좋은 곳에 살든 아니든, 점점 더 신경이 쓰이지 않고 있다. 다만 어제의 나보다 글을 더 잘 쓰고 있는지, 더 행복한 하루를 보내고 있는지 더 많이 생각하게 되었다. 나만의 인생을 만들어가고 있다는 실감, 그 실감으로 행복하다.

내 장점은 꾸준함이고 펜을 잡은 이상 글쓰기를 통해 어떤 성취를 이룰 수 있을 것이라고 확신한다. 그 성취의 크기가 크길 바라지만 누군가보다 컸으면 하는 바람은 아니다. 다만 내가 할 수 있는 최선이길 바라고 그 과정이 스스로에게 부끄럽지 않기를 바랄 뿐이다. 그렇게 비교의 대상을 과거의 나로 삼게 되면 친구들의 성공을 내 일처럼 기뻐해 줄 수 있을 것 같다. 땅을 사서 진심으로 축하한다고, 더 행복하면 좋겠다고 함박 웃으며 응원해줄 수 있으리라.

누가 시킨 것도 아닌데 저 홀로 피어난 꽃처럼 나답게, 그렇게

* * *

　누군가가 나를 위해서만 살 수 있을 것이라고는 여전히 믿지 않는다. 하지만 적어도 각자의 삶을 꾸려가며 발걸음을 함께할 수 있다고는 믿는다. 각자의 여권은 자기가 챙겨야 되지만 혼자 하는 여행보다는 둘이 하는 여행이 낫지 않느냐고, 그렇게 하하호호 의지하며 인생이라는 여행을 함께하자고, 우리는 그럴 수 있다고, 나는 믿는다.

저녁 7시 저에게 너무 많은 걸 요구하지 마세요

밤 11시
홀로인 시간을
견딜 수 있다면

혹시 뒤처질까 불안해질 때면

집값에 저당 잡힌 행복은 누가 보상해주나.

서울 아파트는 너무 비싸다. 사치는 부리지 못해도 커피 한 잔에 삼겹살도 먹고, 종종 맛집도 다니며, 좋아하는 축구도 하고, 작은 돈이지만 기부도 할 만큼 돈을 버는데 아파트 가격만 생각하면 월급은 어느새 쥐꼬리 신세가 된다. 쥐꼬리 같은 월급, 쥐꼬리만 한 연봉, '회사원은 다 그런 거지'라는 푸념까지.

노동 시장에서 사고 팔리는 나의 가치가 딱 그 정도라는 건지, 아니면 직원보다 이익이 우선인 기업의 생리가 문제인지, 그도 아니면 돈이 돈을 버는 게 삶의 진리인 양 가르치는 시대를 탓해야 하는지, 마음먹고 불평하자면 불만스러운 건 쌔고 쌨지만 분명한 건 집값 때문에 오늘의 삶이 불안해질 때가 있다는 것이다.

* * *

불안.

불안이라는 녀석과 가장 친했던 때는 삼수생 시절이었다. 학원의 힘을 빌리지 않고 도서관에 다니며 재수와 삼수를 했다.

57

다행히 재수 때는 공부 친구가 있었지만 삼수 때는 혼자였다. 함께했던 친구가 떠나고 다시 공부를 시작한 1월의 겨울, 내게 남은 건 불안과 고독뿐이었다. 다시 실패할지 모른다는 불안감과 마음 나눌 사람이 없다는 외로움이 틈만 나면 나를 괴롭혔다.

그걸 견디기 위해선 몰입할 게 필요했다. 공부야 당연히 하는 거였지만 공부하지 않는 시간에도 잡념을 없애줄 활동이 필요했다. 나에게는 운동이 있었다. 그때는 아침 8시에서 밤 10시까지 도서관에 있었는데 오후 12시에서 1시, 저녁 6시에서 7시에는 식사를 하고 운동을 했다. 공원을 산책하다 우연히 평행봉에 오른 게 계기였다.

평행봉에 두 팔 딛고 올라 처음으로 팔 굽혀 펴기를 했다. 언젠가 누군가 공원에서 하는 동작을 보고 따라한 것이다. 안간힘을 써도 한 개 두 개밖에 할 수 없었지만 막상 해보고 나니, 이 운동을 하면 어깨가 넓어질 거라는 확신이 들었다. 키가 작고, 머리가 크고, 어깨가 좁다는 3가지 외모 콤플렉스를 가지고 있었는데 그중에서 '어좁이'는 탈출할 수 있겠다는 느낌이 들었다.

극복할 수 없는 콤플렉스는 무력감을 주지만 극복할 수 있는 콤플렉스는 열정을 불러온다. 키는 늘릴 수 없었고 머리통도

58

줄일 수 없지만 그래도 좁은 어깨는 내 힘으로 바꿀 수 있다는 생각이 들었다. 평행봉을 하며 어깨가 뻐근하고 근육통이 찾아왔는데 동시에 넓어질 어깨에 대한 희망도 있었다. 그렇게 운동을 시작했다.

겨울은 해가 일찍 졌다. 그날도 밥을 먹고 어두워진 저녁을 가로질러 운동을 하러 갔다. 공원 평행봉에는 페인트가 칠해져 있었다. 채 마르지 않은 상태였다. 그래도 운동은 해야겠기에, 정확히 말하면 쉬는 시간을 편한 마음으로 보낼 방법이 없었기에, 옆에 있는 중학교로 걸음을 돌렸다. 학교 운동장에도 평행봉이 있다는 게 떠올랐기 때문이다. 패딩에 달린 털모자를 뒤집어 쓰고 두 손은 주머니에 넣은 채 걸었다. 귀에 꽂은 이어폰에서는 퀸(Queen)의 노래가 흘렀다. 친구가 보내준 음원이었는데 그들이 옛날 가수라는 건 몇 년이 지나 〈보헤미안 랩소디〉라는 영화를 보고서야 알게 되었다.

겨울철 해진 저녁의 학교는 적막했다. 꺼진 불빛에 내려앉은 어둠, 철문은 굳게 닫혀 쪽문을 열고 운동장으로 들어가야 했다. 텅 빈 그곳엔 겨울바람 소리만 가득했다. 뒤집어쓴 모자도, 귀에 꽂은 이어폰도 그대로 둔 채, 모래사장이 있는 운동장

구석에서 평행봉을 시작했다.

한 세트를 하고 쉬고 있는데 '참 외롭다.'는 생각이 들었다. 대학생이 된 친구들은 미팅도 하고, 엠티에 해외여행까지 가고 있는데, 나는 겨울밤 껌껌한 중학교 운동장에서 평행봉을 붙잡고 있었다. 자칫 떨어져 다쳐도 누구도 모를 그곳에서, 털모자를 뒤집어쓴 채 막연한 불안을 견뎌내고 있었다.

재수를 마치고 만난 친구는 요새는 문자 대신 카카오톡이라는 걸 쓴다고 했다. 핸드폰이 스마트폰으로 바뀌던 시기였는데, 친구는 나에게 요즘은 카톡으로 연락을 하는 거라고 누가 문자를 하냐고 놀렸다.

누. 가. 요. 새. 문. 자. 를. 해.

세상은 바뀌어 가는데 내 시간은 그대로 머물러 있었다. 그렇게 나의 20살과 21살은 지나가고 있었다.

운동을 마치고 학교를 나와 도서관으로 가는데 발걸음이 무거웠다. 작년에도 걸었던 이 거리, 성과 없이 보낸 1년과 다시 시작된 1년, 잘할 수 있을까, 이 시간을 견뎌낼 수 있을까, 싶었

누가 시킨 것도 아닌데 저 홀로 피어난 꽃처럼 나답게, 그렇게

밤 11시 홀로인 시간을 견딜 수 있다면

다. 하지만 달리 갈 곳도, 할 것도 없었다. 불안감을 잠재우려면 공부를 하고 운동을 하는 수밖에 없었다. 그래야만 했고, 그것만이 답이었다. 그렇게 매일 도서관을 찾았고, 그렇게 매일 평행봉을 했다.

똑같은 일상을 반복하다 보면 불안도 외로움도 나름의 규칙성을 가지고 찾아온다는 걸 알 수 있다. 주기적인 불안과 주기적인 외로움, 그걸 깨달아갈 쯤엔 어느새 11월이 되었다. 다시 수능을 치를 때가 온 것이다.

다행히 나름의 성과를 거둘 수 있었다. 욕심만큼은 아니었지만 할 만큼은 했다는 생각이 들었고 그 정도면 됐지 싶었다. 그 이상은 나의 지력이나 공부 방법의 한계라는 것을 깨달았고, 최선을 다했다면 능력을 넘어서는 일은 바라지 않는 게 좋다는 것도 배울 수 있었다.

삼수를 마치고 얻은 건 대학 진학과 더불어 커져버린 가슴이었다. 나중에 알고 보니 평행봉에서 했던 딥스라는 운동은 상체 근육 중 대흉근, 그러니까 가슴 근육을 위한 운동이었다. 어깨도 넓어지고 있었지만 어깨보다 가슴 근육이 훨씬 발달해버린 것이다. 매일 한 시간씩 1년간 단련한 몸이니 그럴 수밖에 없었다.

62

가끔 사람들은 나에게 가슴이 왜 이렇게 크냐며 농담 섞인 놀람으로 물어본다. 그럴 때마다 그냥 씩 하고 웃어넘기지만, 이 가슴은 타고난 가슴도 아니고 몸짱이 되려고 억지로 만든 가슴도 아니었다. 삼수라는 불안과 혼자라는 고독을 이겨내기 위해 점심 저녁으로 평행봉에 오른 내 젊은 날의 훈장이었다. 이것마저 포기하면 공부까지 실패할 것 같았고, '더 이상 떨어질 곳이 없겠구나'라는 절박함이 만들어낸 가슴이었다. 그게 벌써 10년 전이고, 평행봉은 지금도 꾸준히 하고 있다. 그때 커져버린 가슴은 내 몸의 일부, 내 삶의 일부가 되었다.

지난 일요일 오랜만에 약속 없는 주말을 맞아 룰루랄라 산책을 나왔는데 문득 불안한 마음이 들었다. '더 행복해라'라고 하면 '여기서 뭘 더?'라고 할 만큼 행복한 일상을 보내는 요즘이지만 마음 한편에 찾아온 불안으로 울적해진 것이다.

누. 가. 요. 새. 글. 을. 써.

서울에서 살려면 돈을 더 벌어야 해, 글 쓰는 시간을 줄이고 재테크를 공부해야 해, 라는 불안이 요즘은 마음을 떠나지 않는다. 또래 직장인들은 주식이니 부동산이니 재테크 공부에 열을 올리고 있는데 나는 글을 쓴다는 핑계로 그런 일들은 등한시하고 있지는 않은지, 저축이야 성실하게 하고 있지만 월급만으로는 부족한 게 서울살이고, 열정을 가지고 자산을 늘리려는 사람들에 비해 글쓰기에 몰입하는 지금이 어쩌면 너무 현실감 없는 생활이 아닌가 싶었다.

불안한 마음에 집값을 탓해보기도 했고, 적어 보이는 월급을 탓해보기도 했지만, 결국은 불안을 떨칠 수 없는 인생에서 믿을 건 나밖에 없다는 생각이 들었다. 10년 전 매일 평행봉을 하고 매일 공부를 했던 나, 그런 나의 꾸준함을 믿을 수밖에 없다.

글로 나를 위로하고, 내 글로 사람들을 위로하고 싶어 글을 쓰고 있지만, 솔직한 마음으로는 글로 돈을 벌고 싶다는 마음도 있다. 돈벌이 수단까지는 아니어도 생계에 도움이 되기를 바라는 마음이다. 엄마는 그런 나에 '돈 보고 하지 말아라'라고 하셨고 아빠는 '무리하지 마라'고 하셨다. 환갑을 넘으신 분들의 삶이 녹아든 조언이고 그런 분들의 아들인 게 감사하면서도, 여전히 어린 나는 내가 쓰는 글로 돈도 벌고 싶고 무리를 해서라도 매일 글을 쓰고 싶다.

* * *

삼수했던 21살, 그 후로 10년이 지난 지금, 나이도, 처한 상황도, 감정의 깊이도 달라졌지만 가끔씩 찾아오는 불안은 여전히 마음을 어지럽힌다. 하지만 '이제는 달라'라고 말할 게 있다면 그것은 불안을 대하는 태도이지 싶다.

때때로 불안이 찾아오면 그와 함께했던 10년 전의 날들을 떠올리며, 그 시절의 상징처럼 남은 두 가슴을 믿고, 거기에 담긴 어린 날의 열정을 기억하려 한다. 불안한 삶에서 믿을 수 있는 건, 고독과 불안으로 만든 가슴 두 짝밖에 없고, 그걸 믿고 오늘도 내일도 누군가에게 희망을 줄 수 있는 글을 써보고 싶다는 말이다. 그게 나를 위한 재테크고 불안한 삶을 위한 노력이 아닐까, 그렇게 믿어보려 한다.

밤 11시 홀로인 시간을 견딜 수 있다면

가난과 외로움은 숨길 수 없다

"외로움과 가난은 숨길 수 없다."

수업 시간에 교수님이 하신 말씀이다. 뭘 배웠는지는 가물거리지만(교수님 죄송합니다), 이 한마디는 잊히지 않는다.

당시의 나, 그러니까 20대 초반의 나는 삶에 드리어진 짙은 그림자에 관심이 많았다. 그런 냄새에 무척이나 예민했고, 그래서인지 10년이 지나서도 저 말씀을 간직하고 있다. 핵심을 관통한달까, 12글자에 인생을 담아낸 것 같은, 그런 한마디였다.

* * *

단어들을 몸으로 배우곤 한다. 사랑도 절망도 외로움도, 경험하고 나서야 그게 무엇인지 이해할 수 있었다. 잠들지 못하는 밤으로 사랑을 배웠고, 무기력증을 앓고서야 절망을 배웠다.

원래 그런 감정들은 겪고 나서야 알게 되는 건지, 아니면 내가 이해가 느려서 그런 건지, 나는 그런 종류의 감정들을 책으로 배울 수 있는 사람은 아니었다. 사랑이 사랑이었다는 걸, 절망이 절망이었다는 걸, 몸으로 느끼고 나서야 알게 되었다.

"어디를… 더 자르라는 거죠?"

67

고등학교 입학 전 겨울 방학, 그러니까 중학교 3학년 2학기를 마친 겨울이었다. 2주 연속으로 미용실에 갔다. 1주일 만에 다시 찾아온 나를, 디자이너는 의아해했다. 스타일을 바꾸거나 군인 머리로 밀어달라고 했으면 납득했을 것이다. 하지만 6일 만에 다시 나타나 한 달 뒤에나 주문할 법한 '다듬어 주세요.'라는 한마디만 건넸으니, 다듬을 게 없는 머리를 보며 선생님은 당황해했다.

미용실에 다시 간 이유는 기분이 이상했기 때문이다. 어느 날은 침대에 누워 핸드폰 배경 화면을 그냥 검정, 까만 색종이 같은 화면으로 바꾸기도 했다. 그게 뭔가 기분을 말해주는 것 같았다. 왠지 별론데 정체를 모르겠는 느낌. 그래도 머리를 다듬으면 새 신발을 신은 느낌이랄까, 기분이 환기된다는 걸 알고 있었고, 그래서 미용실에 다시 찾아간 것이다.

그렇게 몇 주를 보내다가 우연히 들른 타로 카드 집에서, 파마머리를 한 주인장은 내 카드를 살피고, '동생이 많이 외롭네요'라고 했다. 같이 간 누나에게 동생이 많이 쓸쓸하다고, 내가 외롭다고 그랬다.

아.

누가 시킨 것도 아닌데 저 홀로 피어난 꽃처럼 나답게, 그렇게

그제야 깨달았다. 몇 주 동안 내려앉았던 기분, 핸드폰 배경을 검정 화면으로 바꾸고 싶고, 머리를 자르고도 또 다시 자르고 싶었던 기분, 그건 바로 외로움이었다. 그렇게 그날 외로움을 배웠다.

* * *

인간은 누구나 외롭다. 돈을 잘 벌어도 외롭고, 돈을 못 벌어도 외롭다. 나이가 많아도 외롭고, 나이가 어려도 외롭다. 직위가 높아도 직위가 낮아도, 특별한 삶이어도 평범한 삶이어도, 사람은 누구나 외롭다.

나는 운이 좋아 부모님이 두 분 다 건강하신, 평범한 가정에서 자랄 수 있었고 특별히 모난 성격도 아니었다. 그랬던 내가 (배부른 소리지만) 16살 밖에 안 된 나이에 외로움으로 몸부림쳤다. 입시 공부 때문이었다.

중학교 3학년 때 외고 입시를 준비했다. 당시에는 사람들과 함께하는 시간이 아깝다고 생각했다. 그래서 혼자 밥을 먹고, 혼자서만 공부했다. 쉴 때도 혼자였는데, 친구들이 재잘대는 학교

69

에서는 엎드려서 잠만 잤다. 그런 매일의 반복이었고, 어느새 혼자가 편한, 반대로 말하면 사람들과의 시간이 불편한 사람이 되었다. 지금의 나이에는 6개월이 별로 긴 시간이 아니지만, 사춘기 때의 반년은 결코 짧은 기간이 아니었다. 혼자서만 보낸 반년, 그 시간은 십육 세 소년의 체질을 외로움으로 바꾸기에 충분한 시간이었다. 어느새 말수가 적어졌고 대화가 불편해졌다.

관계가 두려운 사람은 (별 이유도 없이) 다른 사람들이 자기를 싫어한다고 생각한다. 상대방이 본인을 좋아해 줄지 의문을 가진다. 고등학교에 입학해서도 나는 누군가와 보내는 시간이 불편했다. 말수 없는 나를 친구들도 어색해했다. 그리고 그 또래의 남자 아이들이 그러듯, 친구들은 잘 어울리지 못하는 나를 놀렸다. 장난을 장난으로 받아들이면 좋았겠지만 놀림이 계속될수록 나는 더 작아졌다.

'나는 어수룩하고 재미없는 사람인가? 사람들은 어울리지 못하는 사람을 싫어할까? 그렇다면, 사람들은 나를 싫어할까?'

관계가 어려워졌다. 말수는 증발했다. 말하는 순간이 조심스러웠고 가끔은 두렵기도 했다. 아니 어쩌면 매 순간이 그랬다. 스스로 만든 외로움의 체질은 견고해져 갔다. 콘크리트 같은 외

70

로움, 그 속에 점점 더 갇혔다.

* * *

내향적인 사람과 외향적인 사람을 나누는 기준은 뭘까.

흔히들 에너지를 어디서 얻느냐를 이야기한다. 혼자 있을 때 재충전이 되는 사람이면 내향적인 사람, 사람들과 어울릴 때 힘이 생기면 외향적인 사람으로 구분한다.

다른 이론도 있다. 몇 년 전 심리학도인 친구에게 들은 이야기인데, 내향적인 사람은 내적으로 이미 충만한 사람이라고 한다. 사람이 느끼는 행복이 100이라면 그들은 이미 70의 행복을 가지고 있다는 말이다. 그래서 그들은 대인관계에서 30의 행복만 얻으면 된다. 그 이상은 필요 없다. 반면에 외향적인 사람들은 30의 행복만을 가지고 있기에 나머지 70을 다른 이들과의 시간에서 얻어야 한다. 그래서 자꾸 사람들을 만나러 밖으로 나간다는 설명이다.

이렇게만 보면 내향적인 사람이 더 행복할 것 같지만 반대로 말하는 경우도 있다. 연세대학교 심리학과 교수인 서은국 박

71

누가 시킨 것도 아닌데 저 홀로 피어난 꽃처럼 나답게, 그렇게

사의 〈행복의 기원〉이다.

"외향성이 행복 연구에서 그토록 주목받는 이유는, 한마디로 행복과 가장 손을 꼭 쥐고 있는 짝이기 때문이다. 지금까지 연구된 그 어떤 다른 특성도 외향성만큼 행복과 관련 깊은 것이 없다. (…) 외향성은 일종의 '사회성 위도'다. 이 값이 높을수록 사회적 관계의 양과 질이 높고, 바로 이 점이 행복에 절대적 기여를 한다."

외향성이 행복에 더 가깝다는 얘기다. 심리학은 문외한이고, 〈행복의 기원〉을 비판하는 글도 읽어 보았지만 개인적인 경험에 비추어 보면 대체로 합당한 이야기라고 생각한다. 외향적인 사람이 내향적인 사람보다 최소한 외롭지 않을 가능성이 더 크지 않은가?

* * *

그런데 생각해 보면 외로움이란 그저 혼자여서 느끼는 감

73

정 같지는 않다.

사람은 하루를 보내며 수많은 감정을 느낀다. 그리고 그걸 표현하고 싶어 한다. 맛있는 걸 먹으면 맛있다고, 스트레스를 받으면 짜증난다고 말하고 싶다. 힘들게 일하고 퇴근하는 길엔, '수고했다'는 말 한마디가 필요한 게 사람이다. 고생했다는 걸 알아달라는 마음이다.

하지만 내 모든 감정을 알아줄 사람은 없다. 엄마도 아빠도 안 된다. 여자 친구도 와이프도 그럴 수 없다. 때로는 표현하고 싶어도, '이게 뭐지?' 하며 이해되지 않는 감정들도 있다. 또는 '애증'처럼 말로 표현하기 어려운, 아이러니라고 할까, 그런 마음들도 있다.

아무도 알아주지 않는 내 기분, 나아가 나조차 받아들이기 힘든 내 기분.

사람이 외로운 이유는 이 때문이 아닐까. 느끼는 감정 대비 표현할 수 있는 양이 한정되어 있는 까닭, 단순히 표현 문제가 아니라 이 감정을 동의해줄 누군가의 부재, 나아가 자기 자신조차 동의하지 못하는 이 감정의 문제. 어디서 시작되었는지 모를 이 감정이 그 누구의 관심조차 받지 못한 채 덩그러니 내버려졌

누가 시킨 것도 아닌데 저 홀로 피어난 꽃처럼 나답게, 그렇게

을 때 그게 외롭다는 기분이 아닐까.

내향성과 외향성은 외로움과 무관한 성향 같다. 아무리 외향적인 사람도 겉핥기 식 관계만 맺다 보면 오히려 군중 속의 고독을 경험할 수 있다. 반대로 일주일의 대부분을 혼자 보내는 게 편한 사람도, 진실로 마음을 주고받을 소수의 지인이 있거나 혹은 자기감정을 방치하지 않고 스스로 받아들일 준비만 되어 있다면 얼마든지 외롭지 않을 수 있다.

어디에서 시작해야 할까? 나의 어떤 감정이 외로움인지 발견하는 데서 출발해야 할 것 같다. 외로움인지 짜증인지 분노인지 뭔지 모를 상태 그대로 내버려둘 때 외로움은 자기를 알아주지 않는 주인에게 '나 외로워!'를 알리기 위해 부정적인 거인 감정으로 커지며, 그렇게 화가 많고 자기주장만 강요하는 꼰대가 된다. 방치된 외로움은 그렇게 무섭다.

"외로움과 가난은 숨길 수 없다."

이 문장은 이제 이렇게 고쳐져야 한다.

"가난은 모르겠지만 외로움은 숨겨서는 안 된다."

세상은 그대로인데 나만 왜 이럴까?

Life is rhythm, 삶은 리듬이다.

좋아하는 말이다. 내 식대로 표현하면 '항상 같을 수는 없다'라는 건데, 그렇기 때문에 우리는 희로애락을 느끼는 게 아닌가 싶다. 산이 높으면 골이 깊듯이 행복한 순간에는 언제나 비극의 씨앗이 숨겨져 있고, 좌절이 가득한 순간에도 어딘가는 구원의 빛이 한 줄기 있기 마련이다. 기쁨과 슬픔은 행복과 불행의 높이차에 있지 않을까 싶다. 행복이 불행으로 바뀔 때, 좌절이 희망으로 바뀔 때 우리의 감정은 요동친다. 리쌍이라는 가수는 '오르락내리락 반복해, 기쁨과 슬픔이 반복돼, 사랑과 이별이 반복돼, 내 삶은 돌고 도네'라며 인생을 노래했다.

* * *

삶이 우울하다고 느꼈던 적이 두 번 정도 있다. 울적한 기분이야 일상에서 숱하게 겪는 일이지만 장기간에 걸쳐 불행하다고 느꼈던 적이 그렇다는 말이다. 어떻게 보면 조금 배부른 소리일지 모르겠다. 인생이 불행의 연속이라고 느끼며 살아온 건 아니니까. 나름 나쁘지 않은 삶이라고 여기고 있고, 주변에는 언제

77

나 좋은 사람들이 함께였다. 하지만 행복했던 만큼이나 떨어져야 할 곳은 깊었고 그래서인지 그때 느꼈던 감정은 시간이 지나서도 흉터처럼 마음에 남아 있다.

두 번째 불행은 전역과 함께 찾아왔다. 뭐든 해낼 것 같은 자신감으로 전역했는데 반년도 되지 않아 우울증이 찾아왔다. 검은 마음이랄까, 마음이 텅 빈 느낌이었다. 잘살고자 다짐했던 수많은 순간들도, 소중하게 간직하던 마음을 울리는 문장들도 모두 사라졌다. 찾아간 병원에서는 10분 정도의 면담과 짧은 뇌파 검사를 마치더니 우울증이 맞다고 진단해줬다. 진료는 마치 약 처방을 허가받는 인증 과정 같았다. 접수를 하고, 검사를 받고, 진료를 받고, 결과를 통보받았다. 일련의 과정은 군더더기 없이 매끄러웠다. 그렇게 병원에 들어가서 한 시간도 되지 않아 인생 첫 우울증을 공인받았다.

살아가는 모두가 하나의 우주고 고유한 세계라고들 하는데 그 말은 달리 보면, 이 우주에 살면서 저 우주를 이해하기란 불가능하다는 얘기겠다. 누군가를 완전히 알고 있다고 생각하는 건 착각이라는 말이다. 네가 아는 나와 내가 아는 나, 내가 아는 너와 네가 아는 너, 그 사이에서 우리는 고독을 느낀다. 좁히려

누가 시킨 것도 아닌데 저 홀로 피어난 꽃처럼 나답게, 그렇게

야 좁힐 수 없는 틈. 그 간격 사이에서 외로움이 꽃핀다.

나를 우울증이라고 진단해준 선생님은 그다지 친절하지도, 딱히 불친절하지도 않았다. 의사로서 환자를 대했고 몇 가지 질문을 던졌다. 무성의하다거나 기분이 나빴다는 건 아니다. 하지만 뭐랄까, 생각과는 조금 달랐달까. 어쩌면 정신과 진료라는 걸 영화 속 한 장면처럼 여겼는지 모른다. 무슨 얘기든 다 들어줄 것 같은 푸근한 분위기의 의사와 초점 잃은 눈동자의 환자, 그런 걸 상상했는지도 모른다. 하지만 현실의 선생님과 나는 달랐다. 정신과 진료는 내가 알던 이비인후과 진료나 내과 진료와 별반 다르지 않았다. 증상을 묻는 질문을 받았고, 대답을 했다. 의사를 대하는 나의 태도도 몸이 아파 들른 병원과 그닥 다르지 않았다.

근데 그 사실이 뭔가 나를 서글프게 만들었다. 마음은 바닥인 것 같은데 눈에 보이는 현실은 그대로였다. 변한 건 아무것도 없는데 나는 왜 이렇게 울적할까, 나의 세계는 왜 칼바람 부는 한겨울 같을까. 진료를 마치고 버스정류장에 서 있는데 차들은 쌩쌩 잘도 달렸다. 추운 겨울, 패딩 모자를 눌러쓴 나와, 내 앞을 무심하게 지나가는 자동차들.

누가 시킨 것도 아닌데 저 홀로 피어난 꽃처럼 나답게, 그렇게

병원에는 다시 가지 않았다. 다시 갈 필요가 없을 것 같았다. 시간이 지나면 나아질 거라고 믿었기 때문이다. 스스로를 자존감이 낮은 사람이라고 여겼는데 막상 바닥에 떨어지고 보니 그곳엔 왠지 모를 자신감이 있었다. 혼자서도 극복할 수 있을 거라는 믿음, 그런 강한 믿음이 그곳에 있었다. 어쩌면 병원에 찾아간 이유도 약 처방 때문이라기보다 살면서 처음 느껴보는 이 감정이 흔히들 말하는 우울증이 맞는지 궁금했기 때문인지 모르겠다. 그래도 요행인지 시간이 지나면서 증상은 점점 나아졌다.

그 과정에서 약간의 대인기피를 겪기도 했고 사람들과 눈을 맞추지 못하기도 했다. 그리고 나를 우울하게 만든 일, 그것과 관련된 주제가 대화에 나올 때는 비단 그게 나를 두고 하는 이야기가 아니어도 심장이 쿵쾅쿵쾅 뛰곤 했다. 이를테면 식중독에 걸린 후에는 한동안 음식만 봐도 구역질이 나는 것과 같달까. 우울감은 점차 희미해졌지만 완전히 사라지기 전까지는 손바닥에 박힌 가시처럼 꾹꾹 마음을 찔렀다.

지난 토요일에 친구를 만났다. 그 친구도 못 본 사이에 우울증을 겪었다고 했다. 원래 눈물이 별로 없는데 TV를 보다가 자꾸 오열을 했고 자살을 이야기하는 사람들이 왜 그런 생각을

81

하는지 이해하게 되었다고 했다. 친구는 마음이 건강한 녀석이었다. 삶의 과제들을 헤쳐 갈 용기와 역량도 있었고 대인관계에도 능숙한 사람이었다. 늘 밝고, 늘 웃는 그런 녀석이었다. 근데 1년 만에 나타나서 우울증으로 힘들었다며 토로하는 모습을 보니, 마음이 별로 좋지 않았다. 나도 우울증 경험이 있다고 털어놓았더니 친구는 조금 더 편한 목소리가 된 것 같았다.

친구 이야기는 몇 날 며칠이 지나도록 귓가를 맴돌았다. 건강이 언제 어떻게 나빠질지 모르는 게 사람이듯 마음의 상태도 예상하기 어려운 게 사람인 것 같다. 아픔의 정도나 회복의 속도, 충격을 감내하는 역량은 사람마다 다르겠지만 마치 예상치 못한 교통사고처럼 우울감은 불쑥 우리를 찾는다.

* * *

지난날의 상처가 남긴 마음의 흉터를 보며 다짐한 게 하나 있다. 지지 않겠다는 다짐, 지금보다 더 강해져야 한다는 다짐…. 나이가 들수록 책임져야 할 일은 더 많아질 텐데 그러기 위해선 위기의 순간을 버틸 수 있는 힘이 있어야 한다. 언제 또

누가 시킨 것도 아닌데 저 홀로 피어난 꽃처럼 나답게, 그렇게

아플지 모르고, 언제 또 마음이 무너질지 모른다. 언제든 그럴 수 있음을 알고, 그런 때를 버틸 수 있는 체력을 평소에 길러 놓아야 한다. 책을 읽든 운동을 하든 사랑을 나누든, 방법은 여러 가지다.

행복의 순간에는 언제나 비극의 씨앗이 숨겨져 있다. 하지만 어두운 바닥에도 어딘가는 희망의 빛이 한 줄기 비추고 있다. 오르락내리락 반복해, 기쁨과 슬픔이 반복돼, 사랑과 이별이 반복돼, 내 삶은 돌고 돈다.

가끔 외롭지 않다고 느끼는 내가

여전히 외로움을 느끼는 나에게

너는 언제 어른이 되었니?

사람마다 어른이 되었다고 느끼는 순간은 달라. 예를 들면 나이로 어른인지를 따지는 사람도 있겠지. 스무 살이 되면 편의점에서 맥주도 살 수 있고 영화관에서 19세 관람불가 영화도 볼 수 있잖아. 아이에게 금지되었던 일이 비로소 가능해졌을 때, 그때 어른이 되었다고 느끼는 사람이 있을 거야. 혹은 돈을 벌기 시작했을 때가 어른이 되었을 때라고 여기는 사람도 있겠지. 아르바이트로 용돈을 벌고, 회사에 입사해서 월급을 받고, 그렇게 자신의 생계를 꾸려나갈 때 그때 다 컸다는 생각에 뿌듯한 사람도 있겠지. 나아가 가슴 아픈 이별을 경험하고 난 뒤에, 누군가를 깊게 사랑한 뒤에, 결혼을 하거나 아이를 가졌을 때, 초등학교 운동장이 작아 보일 때 등등 어른이 되었다고 느끼는 순간은 사람마다 다를 거야.

그렇다면 너는 언제 어른이 되었다고 느꼈니?

내가 기억하는 너는 어둠이 무섭지 않았을 때 비로소 어른이 되었다고 느꼈던 것 같아. 잠 못 드는 밤 불 꺼진 방안이 별로 무섭지 않았던 그날, 문득 내가 다 컸나 보다고 여겼었지. 너에게 어른이 된다는 것은 그런 것이었어. 그런데 어둠에 대한 두려

85

움이 사라진 마음자리에 새로운 감정이 찾아들었지. 외로움이었어. 그날, 불 꺼진 어두운 방에 누워 너는 외로움을 느끼며 비로소 어른이 되었지.

사람은 누구나 외로운 것 같아. 주머니가 넉넉해도 외롭고, 명성이 높아도 외롭지. 얼굴 천재도 외롭고, 친구가 많아도 외로울 수 있어. 얼마나 자주 외로운지, 얼마나 깊게 외로운지, 외로움이 좋은지 싫은지 상관없이 사람은 누구나 외로운 것 같아. 네가 한때 즐겨 읽었던 정호승 시인은 〈수선화에게〉라는 시에서 사람을 '외로움'으로 정의했지.

울지 마라
외로우니까 사람이다

- 정호승, 〈수선화에게〉

시인은 이어지는 구절에서, 살아간다는 것은 외로움을 견디는 일이고, 가끔은 하느님도 외로워서 눈물을 흘린다고 말했어. 그건 외로움이란 견디기 힘든 일이고, 눈물짓게 만드는 일이라는 뜻일 거야.

누가 시킨 것도 아닌데 저 홀로 피어난 꽃처럼 나답게, 그렇게

87

밤 11시 홀로인 시간을 견딜 수 있다면

아마 너는 울리지 않는 스마트 폰을 만지작거릴 때가 있을 거야. 카카오톡 채팅방을 들여다보고, 괜히 예전 사진첩을 열어 보고…, 손가락으로 핸드폰 화면을 이리저리 넘기지. 카카오톡에 들어가서 저장된 지인 연락처의 프로필을 들여다보다가 연락한 지 오래된 누군가의 사진을 괜히 한 번 눌러보겠지. 사진을 눌렀 다가 말았다가, 화면을 올렸다가 내렸다가 반복할 거야. 예전에 나눴던 대화를 다시 읽기도 해. 네가 무슨 말을 했는지, 사람들 이 어떻게 반응했는지. 그러다 마침, 빨간색으로 알림이 뜨면 너 는 반가운 기분일 거야. 들뜬 마음으로 알림을 확인했는데 별 내 용 없는 메시지임을 알고 얼마나 아쉬웠는지. 그리고 다시 핸드 폰을 만지작거리겠지. 그밖에는 할 일이 없는 사람처럼….

* * *

너는 그때 이렇게 생각했어.

'사람은 왜 외로울까?'

그리고 책에서 답을 찾으려고 했지. 너는 연세대학교 서은 국 교수의 〈행복의 기원〉이라는 책을 보면서 고개를 끄덕일 만

누가 시킨 것도 아닌데 저 홀로 피어난 꽃처럼 나답게, 그렇게

한 설명을 발견했어.

> 인간은 자신의 종족을 번식시키고 진화의 과정에서 살아남기
> 위해서는 행복이라는 무기가 필요했다 …
> 행복이라는 건 인간이 자신의 생존에 필요한 환경을 만났을 때
> 느끼는 본능적인 쾌감이다 …
> 이때 나 외의 사람들, 즉 타인은 인간이 살아남기 위해 필요한
> 생존의 필수품이다 …
> 누군가와 함께여야만 살아남을 수 있으며, 그때 우리는 행복감
> 을 느낀다 …

너는 이 이론이 행복을 설명하는 유일한 이론은 아니지만
나름 뭔가 중요한 내용을 설명해준다고 생각했어.

하지만 너는 곧 고개를 저었어. 외로움의 원인을 알게 되었다
고 해서 외로움으로부터 자유로워질 수 있을까? 그건 아닌 것 같
아. 외로움과 같은 인생의 감정들은 안다고 사라지는 게 아니었
어. 뭐라도 해야 했어. 평행봉을 했을 때처럼 뭐라도. 해야 했어.

이 글을 쓰고 있는 지금의 나는, 잠시 외로움으로부터 벗어

89

나 있어. 글을 쓰고 있거든.

이 글을 읽고 있는 너는, 외로울지도 몰라.

만일 그렇다면, 이 말을 기억해 주면 좋겠어.

"행복하기 위해서는 외로움을 다룰 줄 알아야 한다."

외로움을 다루는 방법은 참 많은 것 같아. 사람들을 만나 관계를 맺고, 우정을 나누는 것도 한 가지 방법이고, 연인과 사랑을 하거나 가족들과 함께 따뜻한 시간을 보내는 것도 한 가지 방법 같아.

그러나 옆에 누가 없을 때라도 너는 외로움을 다룰 수 있어야 해. 글을 써도 좋고, 문학이나 영화, 음악 등 예술의 힘을 빌리는 것도 좋다고 생각해. 좋은 작품에는 외로움과 위로가 담겨 있거든.

다만, 외로움을 다루는 방법은 빌릴 수가 없어. 80억 명의 사람이 있다면 고독의 숫자도 80억 개야. 너의 고독은 너만의 것이고, 그래서 너만의 방법이 필요해. 어쩌면 그 방법을 찾고 고민하는 게 우리가 세상을 살아가는 이유일지도 몰라.

그런데 말이야.

서로가 느끼는 외로움의 내용이 뭔지는 몰라도 네가 만약

누가 시킨 것도 아닌데 저 홀로 피어난 꽃처럼 나답게, 그렇게

고독과 함께 살아가는 방법에 능숙해지면 최소한 너는 타인을 바라볼 때 그 사람 역시 외롭다는 걸 알 거야. 남을 온전히 이해하기란 불가능한 일이지만 너는 그게 불가능하다는 사실을 아니까, 한 걸음 물러서서 사람들과 만나는 방법을 배우게 될 거야.

그래, 네가 너의 외로움을 다룰 수 있게 된 순간부터 너는 사람들과 만나는 새로운 방식에 눈을 뜨는 거야. 과거에는 한 번도 세상에 존재한 적이 없던 그 공간에서 사람들과 새롭게 만나는 것, 너의 외로움을 알고 다른 사람들의 외로움을 아는 것. 그거면 너의 외로움은 충분히 의미가 있겠지?

새벽 2시
미움이 무성한 풀밭에서
행복의 씨앗 찾기

가시 박힌 마음엔 모두가 눈엣가시

행복으로 추억할 시절이 하나만 있어도 인생은 살만 한 것이라고 그러더라.

나에게 그런 시절이 있다면, 그건 바로 고등학교 시절일 것이다. 벚꽃 만개한 봄날의 교정으로 기억하는 시간이다. 집은 평안했고 수능이라는 목표도 있었다. 좋아하던 여자 친구는 나를 설레게 했고 학교 쉬는 시간에는 친구들이랑 운동장에서 뛰어놀았다. 사랑과 우정 그리고 해야 할 목표도 있는, 걱정이라곤 하나도 없는 완벽한 행복의 시간이었다.

작은 엄마는 우리 엄마를 부러워하셨다. 듣기 좋으라고 그러셨는지는 몰라도 명절에 우리 엄마를 만나면 나 같은 아들을 둬서 좋겠다고, 말썽도 안 피우고 공부도 열심히 한다고 나를 칭찬해주셨다. 그런 얘기를 들었던 엄마의 마음을 알 수는 없지만 내 생각에도 나는 작은 엄마의 말처럼 별 탈 없이 자란 말 잘 듣는 학생이었다.

고통 없이는 어른이 될 수 없었을까. 사춘기가 왔다. 대학생이 된 후였다. 대학교 1학년 2학기에 1.51의 학점으로 학사 경고를 맞았다. 학교를 빠졌고, 전공서적을 방치했다. 부모님은 아무것도 모르셨다. 그때만 해도 맞벌이로 바쁘셨고 원래도 나에게

95

공부를 강제하던 분들이 아니었다. 대학에 가서는 성적표 한번 보여 달라고 한 적 없는 분들이었으니 굳이 당신들의 아들이 방황하고 있다고, 공부는 1도 안 하고 있다고 고백할 필요는 없었다. '잘하고 있지?'라고 물으면 '잘하고 있어요.'라고 짧게 대답할 뿐이었다. 조용한 방황이 시작됐다.

* * *

지금 쓰는 이 글이 부모님에게는 어떤 심정을 불러일으킬까. 당신들이 읽으면 슬퍼하시겠지만 솔직히 말해서 그때 나는 행복하지 않았다. 사춘기가 와서 그런 게 아니라 행복하지 않아서 방황하기 시작했다. 대학에 갈 때는 집안 사정도 기울었고 수능이라는 목표도 결승선을 지나 있었다. 헤어진 여자 친구는 싸이월드에 새로운 남자 친구 사진을 올리고 있었고 친구들과 뛰어놀던 고등학교 운동장은 지나간 과거일 뿐이었다. 집이 주던 안정감과 몰입하던 목표, 좋아하는 사람들, 그런 것들이 사라졌다. 내 행복을 받쳐주던 기둥에 금들이 가기 시작했다.

내 사춘기의 증상은 '미워 보임'이었다. 마주치는 숱한 사람

누가 시킨 것도 아닌데 저 홀로 피어난 꽃처럼 나답게, 그렇게

들이 모두 밉게 보였다. 거리를 걷는 행인도, 지하철 맞은편 승객도 하나같이 미워 보였다. 수염이 덥수룩한 사람도 미웠고, 거슬리게 걷는 누군가도 미웠다. 심지어 이상한 모양으로 매듭 진 신발 끈에도 트집을 잡아 아낌없이 미워했다. 그리고 내게 미움을 받은 사람들에겐 미안하지만 그들이 미워 보여서 힘들었던 것은 다른 누구도 아닌 나 자신이었다. 누군가를 미워하는 일은 스스로가 괴로운 일이었고 그들에게 보낸 화살은 자꾸 나를 향해 돌아왔다. 사람들을 밉게 보는 스스로가 미워지기 시작했다.

사람들을 미워하는 내가 싫었다. 하지만 마음만 괴로울 뿐 어떻게 해야 할지 알 수 없었다. 해결책은커녕 원인도 찾지 못하고 있었다. 사람들을 쳐다보지 않으려고 노력도 해봤지만 말이 안 되는 방법이었다. 그렇게 답답한 일상이 지속되고 있었다.

우연한 기회가 찾아왔다. '소통 지능과 행복'이라는 교양 강의 시간이었다. 인생을 극복하는 내면의 힘인 '회복탄력성(resilience)'에 대해 배우는 강의였다. 과제를 하기 위해 〈회복탄력성〉이라는 책을 읽는데, 아래 내용에서 눈이 멈췄다.

부정적인 감정은 심한 편견과 고정관념을 가져온다. 스스로 불

97

행한 사람이 다른 사람을 더 평가절하하고, 편견에 사로잡혀서 부정적인 시각으로 바라본다. (중략) 당신 주변에 혹시 이상하고, 나쁘고, 사악하고, 부정적인 사람이 유난히 많다고 느끼는 가? 그렇다면 그것은 당신 자신의 부정적 감정의 결과일 가능성이 높으니, 스스로를 한번 돌이켜볼 일이다.

– 김주환, 〈회복탄력성〉 중에서

사람들이 미워 보이는 이유가 나 때문이라니. 내 마음이 불행하니까 사람들이 미워 보였던 것이고 그런 미움이 방향을 돌려 자책으로 이어진다. 누군가에 대한 미움은 결국, 내 부정적인 감정의 다른 얼굴이었다.

정답을 알고는 맥이 풀렸다. 이렇게 당연한 걸 놓치고 있었다는 생각에 조금은 허무했다. 배가 고프고 잠을 자지 못하는 것과 같달까. 허기지거나 수면이 부족하면 짜증이 나기 마련. 별 거 아닌 친구의 농담도, 회사 동료의 작은 실수도, 평소 같으면 쉽게 넘어갈 일들에 심통을 부린다. 사람들이 밉게 보인 이유도 마찬가지다. 행복하지 않은 마음은 점점 예민해졌고 그런 부정적인 마음에 세상이 미워보인 것이다.

누가 시킨 것도 아닌데 저 홀로 피어난 꽃처럼 나답게, 그렇게

새벽 2시 미움이 무성한 풀밭에서 행복의 씨앗 찾기

* * *

〈회복탄력성〉이라는 책이 좋았던 이유는 해결책이 제시되어 있었기 때문이다. 크게는 첫째 잘하는 것을 할 것, 둘째 감사일기를 쓸 것, 셋째 운동을 할 것으로 구분된다(평범한 조언처럼 보일 수 있다. 그러나 나에겐 울림이 있었다.).

이 중에, 잘하는 것에 대해서는 고민 중이었고 운동은 원래 좋아했다. 나랑 동떨어져 있던 것은 감사일기였다. 오랜 시간 미움을 안고 있었기 때문에 '바로 이거구나' 싶었다. 그날부터 감사일기 쓰기를 시작했다. 그리고 감사하게도 얼마 뒤부터 효과가 있었다. 사람들이 미워 보이지 않기 시작했다.

학사경고와 함께 찾아온 사춘기는 생각보다 힘이 셌다. 그걸 극복하기 위해 20대의 대부분을 보냈다. 어떻게 하면 행복할 수 있을지, 언제 행복한 사람인지, 행복하기 위해선 무얼 해야 하는지 고민하는 시간이었다. 덕분에 30대가 된 지금은 행복지수가 꽤나 높아졌다. 시행착오도 많았고 좌절에 빠진 적도 있지만 이제는 고등학교 때처럼 요행으로 얻은 행복이 아닌 스스로 만든 행복으로 살아갈 자신이 생겼다. 따뜻한 부모님 밑에서 좋

누가 시킨 것도 아닌데 저 홀로 피어난 꽃처럼 나답게, 그렇게

은 인연들을 만난 행운도 있지만 그런 행운을 온전히 내 것으로 만들기 위해서는 스스로 노력해야 한다는 사실을 깨달았기 때문이다.

　여전히 사람들이 미워 보일 때가 있고 이유 없이 짜증을 낼 때도 있다. 하지만 예전과 다른 게 있는데, 남 탓을 하기 전에 그 원인을 내 안에서 찾는다는 점이다. 모든 것은 마음먹기에 달렸다는 말처럼 멋스러운 철학을 가졌다고는 못해도, 내가 나를 바라보는 태도 때문에 발생하는 문제이지 저 밖에서 찾아온 누군가나 환경 요인 때문이 아님을 알게 되었다. 손에 가시가 박힌 채로는 보드라운 아기의 뺨이라도 아픔을 통하지 않고는 만질 수 없다. 아가의 볼이 자꾸 따갑다면 먼저 내 손에 가시가 박혔는지 살펴볼 일이다. 어른이라면, 자기를 아긴다면, 더욱 그래야 한다.

새벽 2시 미움이 무성한 풀밭에서 행복의 씨앗 찾기

감사함은 사람에게서 온다

"너처럼 우울한 사람이 어떻게 행복을 말해."

행복에 대한 글을 쓰고 싶다고 말하자 친구는 우울한 행복 전도사가 될 거냐고 되물었다. 농담이었겠지만 별로 기분이 좋지 않았다.

얘기를 들은 그때는 '배가 고파야 음식을 찾고, 사랑이 고파야 사람을 찾는 게 아닌가' 하는 생각이 들었다. 아파야 건강이 소중한 걸 알고, 돈이 없어야 만 원이 귀한 줄 아는 것처럼 우울을 맛본 자가 행복을 더 바랄 텐데⋯. 이별 후에 부르는 사랑 노래가 절절한 것처럼, 우울했던 내가 말하는 행복 이야기가 더 마음에 와 닿지 않을까.

마냥 행복한 어린 시절을 보낸 후 사는 게 녹록지 않음을 알게 된 건 20대 초반이었다. 삶은 우울과 무기력으로 점철되었다. 내 마음이 그래서 그런지 주위 사람들이 지닌 마음의 그림자도 눈에 띄었다. 글쓰기 모임에서 만난 분, 마냥 밝아 보이던 그분은 23살 때 뉴욕에서 머리가 수박처럼 깨졌다. 파티가 있었고 술에 취했는데, 눈을 떠보니 병실이었다고 했다. 15시간 만에 의식을 찾았지만 비자가 3일밖에 남지 않아 머리에 붕대를 감은 채 귀국하는 비행기를 탔다고, 죽음의 문턱까지 갔다 왔다는 얘기를 덤덤히 말했다. 겉보기엔 단단해 보이는 사람도 굴곡진 인생의 역경을 하나씩은 가지고 있다. 사람은 자기만의 무게를 버티며 산다.

* * *

행복을 위해 내가 의식적으로 노력한 첫 번째 일은 감사일기 쓰기였다. 우연치 않은 계기로 감사일기를 접했고 절박한 마음으로 시작했다. 하루하루 일기장을 적어가면서 많은 것들을 느낄 수 있었다. 무엇보다 절실하게 느낀 건, 하루가 생각처럼 단조롭지 않다는 사실이다. 일기로 남기지 않았다면 잊고 지나칠 일이 참 많았는데 개중에는 기분 좋은 일들이 숨어 있었다. 감사일기 덕분에 발견한 소소한 즐거움이다. 나는 이런 작은 사건들의 기억을 무의식의 호수에서 건져 감사일기로 남겼다. 아무것도 아닌 그 사건의 주인공들, 그리고 당시 상황들을 모두 기록하며 '감사하다'고 적었다.

감사일기에 조금 익숙해지자 하루를 기억하기가 쉬워졌다. 첫 페이지를 쓸 때만 해도 시간 순으로 하루를 더듬어가며 복기

누가 시킨 것도 아닌데 저 홀로 피어난 꽃처럼 나답게, 그렇게

하기 바빴다. 두뇌를 풀가동해서야 사이사이에 숨어 있는 에피소드를 떠올릴 수 있었지만 조금 익숙해진 후에는 뇌가 저절로 사건을 떠올려주었다. 그리고 좀 놀라운 일은 이건데, 시간이 조금 더 지나고는 오히려 앞뒤가 바뀌기 시작했다. 일기를 쓰는 시간이 아니어도 기분이 좋은 순간, 감사할 일이 생긴 바로 그 순간이 찾아오면 머리가 정지 신호를 보내온다. '어? 감사한 일이네, 오늘 일기에 적어야겠다!' 그리고 파란 가을 하늘을 사진으로 남겨두는 것처럼 찰칵, 사진을 찍어 머리 한 편의 사진첩에 저장하게 되었다.

뇌가 긍정적으로 변한다는 건 이런 것이 아닐까 싶다. 시간이 갈수록 감사할 일을 찾게 되고, 그걸 쉽게 기억하는 사람이 되어간다는 것이다. 그러다 보니 감사할 일은 점점 늘어났고 그걸 느끼는 강도, 감사함의 밀도도 진해졌다. 예전 같았으면 무심히 지나칠 일에도 감사함을 느꼈다. 심지어는 길에서 마주치는 아가의 미소에도 기분이 흐뭇해져 '아이의 미소에 감사하다'라는 일기를 적었다. 길가에서 마주친 아이의 미소에도 감사할 수 있는 뇌, 그런 뇌를 가진 사람이 되어갔다.

새벽 2시 미움이 무성한 풀밭에서 행복의 씨앗 찾기

감사일기의 핵심은 '사람'이다. 더러 감사를 논할 때 절반이 채워진 물 잔을 보며 '물이 반밖에 없네.' 하지 말고 '물이 반이나 남았네.'라고 생각하라고, 그렇게 감사함을 느끼라고 말한다. 하지만 내가 보기엔 그건 핵심에서 빗겨 있다. 진짜로 감사한 것은 환경이 아니라 사람에게서 오는 '실체 있는 고마움'이었다. 감사한 일들을 떠올리다 보면 그 안에는 꼭 사람들이 있었다. 나를 아껴주시는 부모님, 나를 웃게 해주는 친구들, 친절한 슈퍼 아주머니 등등. '감사하다'의 정의를 찾아보면 실제로 그렇다.

> 감사는 (어떤 사람이 다른 사람이나 그 언행이) 자기에게 도움이 되거나 흐뭇하여 그에 보답하고자 하는 마음이 있다.
>
> – 고려대 한국어대사전

'감사하다'는 '안녕', '고마워', '미안해'만큼이나 쉽고 친근한 말인데 이제야 그 뜻을 알았다. 감사함은 애초에 사람에게서 오는 것이었다. 우리는 익숙함에 속아 소중한 것을 잊고 산다. 바로

누가 시킨 것도 아닌데 저 홀로 피어난 꽃처럼 나답게, 그렇게

옆에 있는, 매일 마주하는 사람들이 소중하다는 걸 우리는 잊고
산다.

종종 우리는 착각 속에 산다. 행복이란 인생의 특별한 사건
속에 있다고. 목표 달성의 성취감, 물건 획득의 기쁨, 걱정 해결
의 안도감까지. 대학에 가려고 삼수씩이나 했던 것도 좋은 대학
에 가면 행복해지리라는 기대 때문이었다. 하지만 인생에서 그런
일들은 자주 일어나지 않았다. 매일 성공하며 살 수도 없었고,
가지고 싶은 물건이 매일 생기지도 않았다.

매일 행복하기 위해선 하루하루 행복할 일이 필요했다. 영
화 〈죽은 시인의 사회〉의 '카르페 디엠'도 2018년 최고의 유행어
인 '소확행'도 나에게는 같은 맥락이다. 3년에 한 번 오는 행복보
다 오늘 당장 행복할 일이 필요하다. 그러기 위해서는 현재에 마
주치는 행복, 작지만 분명히 있는 행복에 감사해야 했다. 그리고
그 안에는 대개 사람이 있었다.

감사일기를 쓴다고 매일이 행복하기만 한 것은 아니다. 몸
이 고돼서 지치는 날도 있고 업무 스트레스로 머리가 터질 것 같
은 날도 있다. 하지만 짜증으로 가득 찬 하루 중에도 곰곰이 찾
아보면 작지만 감사했던 일이 분명히 있다. 아주 작더라도 행복

107

한 일이 하나씩은 있다. 조금 귀찮아도, 조금 피곤해도, 굳이 꾸준히 감사일기를 쓰는 이유는 오늘의 내 하루가 조금은 더 행복한 하루였길 바라는 마음 때문이다. 그렇게 10년의 매일에 작은 감사를 쌓아왔다. 조금씩 더 행복한 하루를 보내왔다. 그러다 보니 어느새, 행복한 사람이 되어 있었다.

* * *

감사일기를 쓰면서 다른 사람에게 감사하는 게 나를 사랑하는 일임을 깨달을 수 있었다. 누군가에게 감사한 마음은 결국 나를 좋아하는 마음, 그런 나를 기특해하는 마음으로 돌아왔다. 따라서 나를 사랑하기 위한 첫 번째는 다름 아닌 다른 이에게 감사하는 것, 그들의 존재를 사랑하는 것이었다.

부딪히는 일상 속에는 많은 갈등이 있다. 감사함과 마찬가지로 스트레스도 대개 사람에게서 온다. 하지만 그것과 별개로 나에게 행복을 주는 사람들과 감사함을 느끼게 하는 사람들, 그들의 존재를 떠올리는 훈련이 필요하다. 그들이 있어서 내가 행복할 수 있음을, 그들을 아껴야 나를 사랑할 수 있음을 알고, 느

누가 시킨 것도 아닌데 저 홀로 피어난 꽃처럼 나답게, 그렇게

끼고, 적다 보면 내가 꽤 괜찮아 보인다.

새벽 2시 미움이 무성한 풀밭에서 행복의 씨앗 찾기

10년간 매일 감사일기를

사람들은 실패로 새해를 시작한다.

운동하자는 다짐은 포기로 바뀌고, '야나두' 영어 공부는 '난 아냐'로 달라지며, 모처럼 맘먹고 구입한 책은 책장 어딘가에 묻힌다. 새로운 목표와 함께 맞이한 새해일 텐데 그 길을 끝까지 달려가는 사람은 드물다. 도전은 작심삼일로 끝나고, 새해는 첫걸음부터 접질리고 만다.

남 일처럼 말했지만 나도 마찬가지다. 연말마다 들뜬 마음으로 다이어리를 사서, 묵혔던 옛 다짐들을 먼지 탈탈 털어내고 예쁘게 적어보지만 반년도 지나지 않아 배가 산으로 간다. 매년 쌓여가는 다이어리를 보면 1월, 2월만 열심히고 초여름부터는 빳빳한 새 종이로 남아 있다. 1년 전에 작성한 계획들을 보며 '어떻게 저런 목표를 잡았지? 기특하네.'라며 미소 짓다가도 기억조차 못하고 있었다는 사실에 우울한 한숨만 나온다.

＊ ＊ ＊

꾸준하기가 이렇게나 어려운데 나는 어떻게 10년간 감사일기를 쓴 걸까? 웬만한 동기부여로는 쉽지 않다는 걸 아는 평범

새벽 2시 미움이 무성한 풀밭에서 행복의 씨앗 찾기

한 나로서는 그만큼 감사일기가 절박한 일이었다는 뜻이겠다.

감사일기를 택한 가장 큰 이유는 뇌의 신경가소성 (Neuroplasticity) 때문이었다. 일정 온도 이상의 열을 가하면 플라스틱이 형태가 변하듯, 두뇌 역시 일정 경험에 장시간 노출되면 변화하는 성질이 있다. 우리가 부정적 생각에 익숙하다는 말은, 나도 모르는 사이에 부정적 생각에 뇌를 장시간 노출시켰다는 말이다. 반대로 긍정적 생각에 자주, 오래 노출시킨다면 뇌는 반대로 변화할 것이라고 생각할 수 있다. 나는 단순히 '모든 일에 감사하자'라는 미사여구 같은 목표에는 관심이 없었다. 대신 '감사'라는 감정 경험을 통해 뇌의 긍정적인 신경망을 늘릴 수 있다는 아이디어가 좋아 감사일기를 써보자고 작정한 것이다. 뇌의 신경가소성은 나에게 '매일 꾸준히 쓸 것'이라는 원칙을 알려주었다.

뇌의 특성을 알고 그에 맞게 공략하는 건 중요한 일인 것 같다. 두 번째 원칙도 뇌의 특성을 따른 결과다. 책 〈회복탄력성〉에서는 감사일기를 이렇게 쓰라고 조언한다.

하나, 감사일기를 매일매일 쓸 것

누가 시킨 것도 아닌데 저 홀로 피어난 꽃처럼 나답게, 그렇게

둘, 감사일기는 글의 형태로 구체적으로 쓸 것

셋, 감사일기는 잠들기 직전에 쓸 것

이 가운데 3번이 중요하다고 생각했다. 사람의 뇌는 자는 동안 변화한다. 특히 잠들기 직전의 감정이 뇌에 새겨지는데, 그걸 기억의 고착화 현상이라고 부른다. 하루가 아무리 운수 나쁜 날이라고 해도 잠자리에서만큼은 감사한 일을 생각하며 잠들면 우리의 뇌는 그 하루를 감사한 날로 기억하게 되고 그런 날들이 누적되면 신경가소성에 의해 뇌가 점점 긍정적으로 변할 거라고 믿었다. 감사일기는 허무맹랑한 소원 빌기가 아니었고, 뇌과학이라는 탄탄한 근거가 있는 효과적인 수단이었다.

감사일기를 택한 두 번째 이유는, 경제성 때문이다. 과장해서 말하면 45시간, 즉 2일도 안 되는 시간에 우리는 변할 수 있다. 사실 운동으로 몸을 만드는 것처럼 눈으로 볼 수 있는 도전도 우리는 곧잘 포기하고 만다. 아무리 땀을 흘려도 몸무게에 변화가 없으면 이내 포기하기 쉽다. 하물며 몸을 쓰는 운동도 그런데 눈으로 확인이 힘든 감사일기는 뜬구름 잡는 일처럼 느껴질 수 있다. 그런데 책에선 이렇게 말하고 있었다.

새벽 2시 미움이 무성한 풀밭에서 행복의 씨앗 찾기

감사일기를 3주간 매일 쓰면 본인 스스로 변화를 알아차린다. 감사일기를 세 달 계속 쓰면 주위 사람들이 당신의 변화를 알아차린다.

감사일기를 쓰는 데 30분이 걸린다고 치면 3개월이면 2,700분이다. 시간으로 바꾸면 45시간, 날로 바꾸면 2일이 채 안 되는 시간이라는 얘기다. 세 달이라고 하면 긴 시간처럼 느껴지지만 내가 투자할 시간은 고작 이틀 하고 1시간. 고작 45시간으로 긍정적인 사람이 될 수 있다는데 실패해도 그렇게 아까운 시간은 아니지 않을까. 그 시간만 공을 들이면 인생이 바뀔 수 있다는데 한번 해볼 가치는 있지 않을까.

* * *

감사일기를 알고는 머리가 삐쭉 서는 느낌이었다. 닭살이 돋았다고 할까, 소름이 돋았다고 할까. 끓어 넘치려던 냄비의 뚜껑이 열린 것 같았고 달리고 싶어 안달 난 경주마의 눈에서 검정 안대를 벗겨낸 것 같았다. 마음속으로만 끓던 변화에 대한 열망

누가 시킨 것도 아닌데 저 홀로 피어난 꽃처럼 나답게, 그렇게

이 드디어 두 다리를 얻어 금방이라도 달려갈 수 있을 것 같았
다. 그날부로 매일 감사일기를 쓰기 시작했다. 매일 밤 감사한 일
을 찾아내어 한 줄 한 줄 마음속에 새기기 시작했다.

그렇게 매일, 감사일기를 쓰고 잠에 들었다.
감사일기를 믿으며, 나의 뇌를 믿으며.

보이는 만큼만 살아가는 것이라면

과거로 돌아간다면 지금 우리는 행복할 수 있을까. 가끔 나이가 어려지면 어떨까 싶을 때가 있다. 지식이나 경험이 지금과 같은 수준으로 8살이나 13살, 혹은 17살로 돌아가면 어떨까 싶다. 그러면 조금 더 많은 걸 이루고, 조금 더 많은 걸 가질 수 있을 것 같다. 타임머신이 영화나 소설의 소재로 자주 등장하는 걸 보면 시곗바늘을 되돌리고픈 마음이 비단 나뿐이 아닌 것 같다. 자신의 삶에 100퍼센트 만족하며 사는 사람은 드물 테니까.

* * *

나는 종종 어린 나이부터 독서를 시작했으면 어땠을까 상상에 사로잡힌다. 20대 초반부터 책을 읽기 시작했으니 근 10년 독서생활을 이어오고 있다. 처음엔 자기 계발을 위해 책을 들었는데 이제는 독서 자체가 즐겁다. 누가 시키지 않아도 손이 먼저 책을 찾는다. 물론 사회생활에 쫓겨 독서시간이 줄어든 게 조금 아쉽기는 하지만.

책은 시간이 있어서 읽는 게 아니라 시간을 만들어서 읽는

새벽 2시 미움이 무성한 풀밭에서 행복의 씨앗 찾기

거라고 말하는 사람도 봤다. 없는 시간 쪼개서 10분, 20분 독서하는 사람도 있으니 시간이 없다는 선 변명으로 보일 수 있다. 나는 좀 생각이 다른데 내게 필요한 건 자투리 시간이 아니라 독서만을 위한 부피감 있는 시간이다. 그런 시간이 매일매일 조금 더 많았으면 좋겠다는 건 조금 욕심이려나. 어렸을 때는 부모님의 돌봄 아래 있었으니 덩어리 시간도 많았고, 그래서 그 시절의 독서가 아쉬운 것이다.

운동을 즐기는 사람이라면 잘 알 것 같다. 속칭 선출은 웬만해서는 이기기가 어렵다. 종목 불문이다. 취미 삼아 운동하는 아마추어가 치열한 경쟁 속에서 단련을 거듭한 선수를 앞서기란 절대 쉽지 않은 일. 한창 세포가 성장하는 발육의 시기에 몸이 프로답게 세팅되었다고 할까, 그들에게는 어린 나이부터 체계적으로 쌓아온 그들만의 특별함이 있다. 마찬가지로 조금 더 일찍, 뇌가 더 말랑했던 시기에 책을 읽었다면 지금보다 낫지 않았을까, 생각하는 힘이 조금 더 좋지 않았을까.

118

　책을 읽기 시작한 20대 초반에는 박완서 작가의 수필을 탐독했다. 〈꼴찌에게 보내는 갈채〉를 시작으로 〈두부〉, 〈한 길 사람 속〉, 〈못 가본 길이 더 아름답다〉 등 당시 서점에서 만날 수 있는 대부분의 수필집을 골라 읽었다. 책 제목은 가물거리지만 이 가운데 아직도 인상 깊게 기억하는 글이 있다. 극장에서 영화를 보는 즐거움은 영화를 보기 전부터 시작된다는 내용이다. 영화를 보기 전에 우리는 감상할 영화를 누군가와 함께 고른다. 예매를 하고 약속 시간과 장소를 정한다. 당일이 되면 시간에 맞춰 옷을 입고 외출 준비를 한다. 영화를 본 후엔 맛있는 음식을 먹으며 영화에 대한 감상을 나눈다. 헤어져서도 함께한 시간을 곱씹으며 여운을 즐긴다. 이게 모두 영화가 주는 즐거움이라는 작가의 혜안에 내 눈이 밝아지는 느낌이었다. 그렇구나!

　그처럼 생각하면 극장에 가는 건 좋아하는 사람과의 약속을 잡는 일이다. 영화를 보는 건 설레는 외출 준비가 되고, 친구와의 행복한 교감이 된다. 극장으로 가는 지하철 창문에 비치는 얼굴, 그 설레는 표정이 영화가 된다. 영화를 본다는 건 그 너머에 있는 것을 경험하는 것임을, 박완서 작가의 책을 통해 배웠다.

그 이후로 어떤 현상이나 사물 또는 인물을 만나더라도 전후 맥락이나 흐름을 생각하게 되었다. 박완서 작가를 좋아하게 된 건 어쩌면 스무 살 넘은 내게 세상을 바라보는 여러 관점을 알려주었기 때문이리라. 그분의 세상을 바라보는 시각을 통해 나는 어린 날 교과서와 문제집에 갇혀 있던 나의 작은 세계를 깨뜨리기 시작했다.

처음 책을 읽기 시작한 건 독서가 성공으로 가는 지름길처럼 보였기 때문이다. 고전을 읽으면 천재가 된다고, 세상의 성공한 사람들은 대부분 책을 좋아한다고 믿었다. 책을 읽으면 나도 성공적인 삶을 살 수 있을 것 같았고, 흐름을 앞서가는 리더가 될 수 있을 것 같았다. 하지만 책을 읽다 보니 내가 생각하던 성공한 삶이 성공적인 인생의 전부가 아님을 알게 되었다. 회사 사장님, 지역을 대표하는 정치인, 시대를 앞서가는 예술가, 언론에 조명되는 천재 과학자들만이 성공한 삶이 아니었다. 세상에는 각자의 자리에서 최선을 다하고 그 안에서 자기만의 성공을 이뤄가는 사람들이 많았다.

책을 읽지 않았다면 지금도 주입된 세계관에 갇혀 경쟁에

누가 시킨 것도 아닌데 저 홀로 피어난 꽃처럼 나답게, 그렇게

서의 승리만이 유일한 인생 목표라고 여겼을지 모른다. 하지만 책은 나의 좁은 시야를 넓혀주었다. 세상에는 파란색과 빨간색만 있는 게 아니었고, 일곱 빛깔 사이에는 숱한 색이 알록달록 숨어 있었다. 숫자로 대변되는 시험 점수나 재산, 꾸밀 수 있는 외관만이 전부가 아님을 알게 되었다. 맹렬히 달려오던 외길 밖으로 시선을 돌리자 내가 의식하지 못하고 살던 소중하고 귀중한 것들이 많았다.

특수한 교육 목적이나 단순 정보 전달을 위한 글이 아니라면 대부분의 책에는 글쓴이가 느끼고 깨달은 인생의 정수가 담겨 있다. 숱한 아이디어가 솟아나는 생각의 밭에서, 잡초 뽑고 쭉정이 제거하여 만들어진 정제된 생각을, 가장 효과적인 방식으로 나열하여, 말로 전달하기 힘든 하나의 원숙한 깨달음을 독자에게 내미는 것이 곧 책이었다. 혼자서는 절대 알 수 없는 누군가의 귀중한 내면이 내 마음을 두드린다. 내 안에서 균열이 생긴다. 새로운 눈이 돋아난다. 때로는 너무 받아들이기 힘든 생각도 만나는데 그럴 때는 이런 생각도 있구나 하고 알게 된다. 충격을 받으며 깨지고, 받아들이며 넓히고, 엿보며 알게 되는 가운데 이런 삶도 있고 저런 삶도 있음을 이해하게 된다.

새벽 2시 미움이 무성한 풀밭에서 행복의 씨앗 찾기

다름에 대한 이해는 스스로의 삶에 대한 존중이 된다. 세상에는 여러 삶이 공존한다는 걸 이해하는 만큼 나라는 존재의 개별성을 사랑할 수 있다. 비록 세상이 들이미는 잣대에 내 삶이 함량 미달처럼 보여도 오늘 하루 최선을 다하는 내 삶은 소중하다고, 주어진 능력과 역량 안에서 최선을 다하는 나의 하루는 아름답다는 걸 느끼게 된다. 나의 색깔이 더해져서 세상이 이런 빛깔이라고, 그래서 나의 색깔 역시 소중하다고 이해하게 된다.

* * *

시간은 되돌릴 수 없다. 아무리 원해도 과거의 나로 돌아가는 건 불가능하다. 비록 어려서부터 책을 읽지는 않았지만 살아가는 동안은 계속 책을 읽고 싶다. 독서를 통해 새로운 것들을 더 많이 경험하고 싶다. 누군가의 삶을 들여다보고 그런 삶도 있을 수 있음을 이해해볼 생각이다. 하여 나에게 주어진 인생 또한 소중하다고, 그런 내 운명, 이렇게 태어난 나 자신도 사랑해볼 생각이다.

가을밤 책 한 장의 바스락거림이 들린다. 내 운명은 어떤 책

누가 시킨 것도 아닌데 저 홀로 피어난 꽃처럼 나답게, 그렇게

이 될 수 있을까. 어떤 이야기를 보여줄 수 있을까.

설레고, 기대된다.

못하는 건 그만둬, 잘하는 걸 잘하자

'쓸데없는 짓 하지 말고 공부나 열심히 해.'

지금은 어떨지 모르겠지만 약 15~20년 전, 그러니까 내가 교복을 입고 학교에 다닐 때는, 공부가 아닌 것들은 모두가 쓸데 없는 짓으로 여겨졌다.

다행히 부모님에게 저런 말을 들어본 적은 없다. 하지만 이 말은 마치 공기처럼 우리 주위를 떠돌았는데 영화나 드라마를 보거나 버스를 타고 가다가 우연을 가장한 필연의 순간에 내 귀로 들어와 내 마음 어딘가에 박혀 버렸다. 살면서 한 번쯤 저 같은 말을 들어봤을 사회, 저렇게 말해도 '걱정돼서 그러는 거야.' 라고 도리어 듣는 내게 문제가 있다고 말하는 사회, 그런 곳에서 우리는 자라 왔다.

어린 시절부터 뇌에 각인된 이 주문은, 나이 들어서도 작동한다. '쓸데 있다'라고 여겨지는 일로 여가를 보내려는 사람들이 있는 것도 그런 맥락이겠다. '책을 읽어야 돼, 운동을 해야 해, 영어 공부도 좀 해야 돼.' 하며 자기 계발의 강박 속에 산다. 책 읽기를 싫어해도, 운동을 좋아하지 않아도, 영어가 필요 없어도, 그래야 똑똑해지니까, 그래야 멋있어지니까, 그래야 창피하지 않으니까 하며 남는 시간을 보낸다.

새벽 2시 미움이 무성한 풀밭에서 행복의 씨앗 찾기

게임을 잘해서 PC방 가는 게 즐겁고, 축구를 잘해서 운동장이 행복하고, 노래를 잘해서 노래방이 취미인 사람들도, 누군가가 '나는 어제 독서 모임 했어, 오늘 나는 PT를 받았어.'라고 하면 '음, 그럼 나는 뭐했지?'라며 왠지 모를 씁쓸함을 느낀다.

* * *

2010년 초반, 〈꿈꾸는 다락방〉이라는 책이 수백만 부의 판매량을 기록하며 꿈꾸기 열풍을 불러 일으켰다. 핵심 내용은 'R=VD'라는 공식에 압축되어 있는데 생생하게 꿈꾸면(Vivid Dream) 꿈을 이룰 수 있다(Realization)는 내용이다. 이때 '생생하게 꿈꾸면'은 구체적으로 꿈을 언어로 표현하거나 글로 적거나 꿈에 대해 명상하는 등의 행위 일체를 말한다. 그때는 나도 흥미롭게 읽었는데 지금은 그 책이 위험해 보인다. 업으로서의 성취만이 인생의 전부인 것처럼 말한다는 점에서 그렇고, 성공한 사람들이 어떤 과정을 밟아서 꿈을 이루었는지, 나아가 그들이 겪었을 수많은 좌절의 시간을 제대로 조명하지 않은 채 화려한 결과만을 보여준다는 점에서 또 그렇다.

누가 시킨 것도 아닌데 저 홀로 피어난 꽃처럼 나답게, 그렇게

지금은 별로 좋아하지 않지만 이 책을 만난 20대 초반에는 덕분에 꿈을 고민하기 시작했다. '내가 좋아하는 것은 무엇일까? 아니, 내가 잘하는 것은 무엇일까?' 하고 말이다.

그 고민의 결론은 축구였다. 초등학교 2학년인가 3학년 때, 학교 축구부 감독님은 나에게 정식으로 축구를 배워보는 게 어떠냐고 물어보셨다. 1년 차이가 하늘과 땅만큼이나 멀게 느껴지던 나이였지만 그래도 축구공을 찰 때는 1~2년 차이 나는 형들 앞에서도 우쭐할 수 있던 나였기에, 엄마 아빠한테 축구부에 들어가고 싶다고 말씀드렸다.

하지만 실패한 운동선수를 수없이 보아 왔던 부모님은 '그건 안 돼.'라고 말씀하셨고, 나는 '엄마 아빠가 하지 말라는데, 뭐.' 하며 포기하고 말았다. 박지성처럼 몇 날 며칠간 단식 투쟁을 벌였다면 결국은 시켜주셨을 분들이라는 걸 그때는 몰랐고, 당시의 나는 부모님이 하지 말라면 안 하는 게 맞다고 여겼던, 말 잘 듣는 초딩일 뿐이었다. 그렇게 첫 번째 꿈은 싱겁게 포기했고, 꿈을 고민하기 시작한 스무 살에는 '축구 선수가 되고 싶다.'고 외치기엔 수염이 너무 굵어 있었다.

축구 선수 말고도 길이 없는 건 아니었다. 축구 해설가가 되

새벽 2시 미움이 무성한 풀밭에서 행복의 씨앗 찾기

거나 프로 구단에 사무직으로 입사하는 등의 선택지가 있었다. 스무 살이 넘은 나이였지만 열심히 배우고 노력하며 10년을 보내면 어린 학생들을 지도할 수 있는 길도 눈에 보였다. 하지만 이제 와서 굳이 엘리트 출신의 축구인들과 경쟁하고 싶지 않았다. 축구에 미래를 걸기에는 너무 늦은 나이 같았다. 무엇보다 나는 축구공을 차는 게 좋았을 뿐이다. 다시 태어나지 않는 이상 축구는 업이 될 수 없었다. 업이 될 수 없는 취미, 업이 될 수 없는 재능, 그게 나에게는 축구였다.

* * *

내 인생에서 축구는 무엇이 되어야 할까? 김연아, 박지성, 유재석, 이상혁(페이커)이 될 수 없다면 깨끗이 포기해야 할까? 그건 너무 잔혹한 동화 같다. 좋아하는 일로 먹고사는 사람을 주변에는 별로 본 적 없다. 취직을 위해 수십 개의 자기소개서를 썼던 사람도, 공직을 위해 수년을 공부했던 사람도 마찬가지다. 지인들을 돌아보고, 우리 사회를 둘러보면, 좋아하는 일에서 재능을 발휘하며 돈을 버는 사람보다는 생계를 위해 직업을 선택

누가 시킨 것도 아닌데 저 홀로 피어난 꽃처럼 나답게, 그렇게

한 사람이 훨씬 많다.

어떤 삶이 더 훌륭한지 어떤 삶이 더 가치 있는지 평가하고 싶지는 않다. 극단적으로 말해, 김연아나 유재석보다 내가 더 행복한 삶을 살고 있을지 누가 알겠는가. 그런 두 삶을 비교해보려는 게 아니다. 다만 말하고 싶은 것은 이것이다. 재능으로 먹고살지 못하는 우리가, 업이 되지 못한 그 강점을, 우리 인생에서 어떻게 써먹어야 할까?

〈회복탄력성〉의 저자가 말하길, 안타깝게도 우리 사회는 약점을 보완하라고 가르치는 사회란다. 약점을 없애고 강점은 묻어두길 요구하는 것인데, 진정으로 행복하기 위해서는 약점보다는 강점에 집중하며 살아야 한다고 그는 말한다.

"행복의 기본 수준을 높이고 낙관적이 되려면 무엇보다도 먼저 자신의 강점을 발견하고 그것을 일상생활 속에서 발휘해야 한다. (중략) 우리는 어떤 면에서 앞서 갈 것인가보다는 어느 면에서든 뒤지지 말아야 한다는 강박관념에 사로잡히도록 교육받았다. (중략) 약점에 집중해서 그것을 보완하는 방법으로는 자기 발전도 없고 행복도 없다. 그러한 노력이 성공한다 해도 기껏해

129

야 평범한 사람이 되는 데 그친다. (중략) 진정한 행복의 핵심은
자신이 강점을 발견하고 그것을 발휘하며 살아가는 것이다."

— 김주환, 〈회복탄력성〉 중에서

나는 축구를 잘해서 축구하는 순간이 즐겁다. 그때 발휘하
는 내 능력, 그런 내 모습을 좋아한다. 그래서 축구하기 전이면
컨디션 관리에 최선을 다한다. 경기 전날엔 술은커녕 과식도 하
지 않는다. 평소에 하는 근력 운동도 축구에 방해가 되지 않는
선에서, 달리 말하면 상하체 밸런스가 무너지지 않을 정도로만
한다. 내려가는 계단은 무릎에 좋지 않아 되도록이면 에스컬레
이터를 이용하고, 올라가는 계단은 허벅지 탄력을 위해 두 계단
씩 오르려고 한다. 이런 노력들이 매주 일요일, 축구 경기에서 결
실을 맺을 때, 나는 살아 있음을 느낀다.

회사에서 느끼는 성취감과는 조금 다르다. 회사원인 내가
하는 일은 회사에서 시키는 일이다. 조직이 돌아가기 위한 하나
의 프로세스를 담당하는 건데, 거기서 얻는 성취감은 안도감에
가깝다. 일이 잘못되지 않아서, 조직에 피해를 끼치지 않아서, 팀
장님에게 잘 보일 수 있어서 기분 좋은 정도랄까. 온전한 나만의

누가 시킨 것도 아닌데 저 홀로 피어난 꽃처럼 나답게, 그렇게

결과물을 만들어 내는 느낌은 아니다. 회사 일로 살아있음을 느끼는 분들도 있겠지만 적어도 나는 아니라는 얘기다. 안타깝지만 회사에서는 일을 열심히 해도 피가 끓는 성취감을 느껴본 적이 아직은 없다. 그런데 축구는 달랐다.

축구하기 전날 만난 친구가 내게 말했다.

"국가대표야? 누가 보면 월드컵 나가는 줄 알겠네."

치킨을 먹으러 가서, 축구 때문에 맥주는 싫다고 했더니, 네가 국가대표냐고, 안정환도 이탈리아 전을 하루 앞두고 술을 마셨다고(근거는 모르겠음), 나보고 유난 떨지 말라며 던진 말이다.

당연히 나는 축구 선수도 아니고 경기를 이긴다고 수당을 받는 것도 아니다. 하지만 내가 이러는 이유는, 축구가 주는 성취감 때문이다. 1등을 하고 싶다는 말이 아니다. 이기지 못하면 불행해진다는 말도 아니다. 내가 설정한 기준에서, 내가 노력한 만큼에 대한 보상을, 스스로 만족할 만큼 이뤄낸다는 것을 의미한다. 잘하는 것을 잘하기 위해 노력함으로써 내가 살아 있음을 확인하면 그게 나의 성취감이다.

사람의 재능은 모두 다르다. 누군가에게는 축구가, 어떤 이에게는 노래가 될 수 있다. 누군가에게는 그림일 수도 있고, 어떤

새벽 2시 미움이 무성한 풀밭에서 행복의 씨앗 찾기

이에게는 남을 웃기는 것일 수도 있다. 사람들이 영어 공부를 해야 한다거나, 책을 읽어야 한다는 강박에서 벗어났으면 좋겠다. 외국인과의 소통이 즐거워 영어를 배우고, 글이 주는 쾌감이 좋아 책을 읽고 싶다면, 많이 많이 응원해주고 싶다. 하지만 단지 그것이 쓸데 있다고 여겨지는 자기 계발이기 때문에, 나만 뒤쳐진다는 강박감 때문에 하는 것이라면 음, 해주고 싶은 말이 있다.

축구를 잘하면 잔디를 밟고, 노래를 잘한다면 노래를 불러라.

사람들을 웃기는 일을 잘한다면, 더 많은 이들과 더 많은 시간을 보내라.

혹시 글을 잘 쓴다면, 더 많은 글을 써라.

왜 독서모임에 참석 못 했는지, 왜 영어 공부를 하지 않는지 씁쓸해하지 말고 말이다.

* * *

나는 축구로 얻는 자신감으로 회사에서 열심히 일하고 있다. 높아진 행복감, 고양된 자존감으로 파이팅 있는 사회생활을 이어간다. 어려운 업무를 만나더라도 '오늘 내로 타임머신을 만

누가 시킨 것도 아닌데 저 홀로 피어난 꽃처럼 나답게, 그렇게

들어 와.' 정도의 일만 아니면 '하면 되지, 뭐.' 하고 부딪힐 수 있다. 시간이 지나, 내 글이 지금보다 나아질 거라는 희망도 축구에서 온다고 하면 과장처럼 보일까?

아무리 'R=VD'를 외쳐 봐도 축구는 나에게 업이 될 수 없다. 하지만 재능으로 꿈을 이루지 못하더라도, 일상에서 이를 발휘할 수 있다면 더 행복하게 살 수 있지 않을까 싶다. 돈이 될 수 없는 축구고, 꿈이 될 수 없는 축구지만 축구를 통해서 충분히 많은 행복을 얻고 있다. 이렇게 내가 내 삶을 풍요롭게 만드는 것처럼 자기만의 강점으로 각자의 일상을 만들어나갈 때 우리는 더 행복해질 수 있지 않을까. 잘하는 것을 잘하는 것에 대하여, 나만의 쓸데 있는 짓에 대하여, 이해해주고 응원해주는 사회이길 바란다.

새벽 2시 미움이 무성한 풀밭에서 행복의 씨앗 찾기

아침 7시
지금, 나의 꽃이
피어나는 시간

매일이 이별이다

인생 최초의 이별은 무엇이었을까.

나의 첫 이별은 외할머니와의 이별이었다. 충남 공주의 사랑스러운 주택가에 할머니와 함께 살았었다.

걸어서 100미터밖에 안 되는 곳에 우리 집이 있었는데 부모님은 맞벌이를 했고 나는 유아 시절 대부분을 할머니 집에서 보냈다. 면도기로 머리를 밀어주는 삼촌과, 가끔은 조카인 내게 젖을 물리는 큰 이모와 함께 살았다. 누나가 초등학교에 입학하면서 부모님은 나를 할머니 댁에 맡기고 서울로 이사했다. 룰루랄라 유치원에 다니던 나는 꽃피는 6살이었다. 인생의 전성기였다.

할아버지의 말에 의하면 서울로 떠나던 어린 나는 할머니에게 이렇게 말했단다.

"할머니, 나 없으면 슬퍼서 어떻게 살아?"

고등학교 1학년 때 할아버지 생신 자리에서 할아버지가 나를 타박하며 들려주신 얘기다.

"세경이 너는 공주 떠날 때 그렇게 얘기하더니 왜 전화 한 통이 없냐? 할머니가 서운해한다."

나는 애였고 누구도 나에게 몸이 멀어지면 마음도 멀어지는 거라고, 그러지 않기 위해선 꾸준히 연락해야 된다고 알려준

137

사람은 없었다. 조금은 억울했지만 많이 죄송했고 이후로는 전화를 자주 드렸다.

요새 생각해보면 나는 할머니가 슬플까 봐 저렇게 말한 게 아니었던 것 같다. 내 속마음은 사실 '할머니 없으면 나는 슬퍼서 어떻게 살아?'였을지도 모르겠다.

* * *

나는 그렇게 이별을 배웠고 어느새 다섯 배를 더 살아 30대가 되었다. 강산이 세 번 바뀔 동안 나에게도 많은 변화가 있었다. 그중 하나가 이별에 둔감해졌다는 사실이다. 가수 김광석은 틀린 말을 하는 사람이 아니었다. 서른 즈음이 되니까 가슴은 비어 가고 청춘은 멀어져 가는 것 같다.

친구 아버지께서는 너희 나이는 정말 좋은 나이라며 무엇이든 할 수 있을 때라고 하셨다. 그 말씀도 맞다. 우리는 아직도 많이 많이 젊다. 하지만 내 인생에 10대와 20대는 이미 지나갔고 어제를 살지 못하는 나는 당시에 내 마음을 채우던 수많은 감정들과 이별하며 살고 있다. 많은 사람을 만났고 많은 이를 떠

누가 시킨 것도 아닌데 저 홀로 피어난 꽃처럼 나답게, 그렇게

나보냈고 그렇게 채워진 마음들이었다.

영원할 거란 착각도 했었다. 벚꽃 핀 교정으로 기억하는 고등학교 때처럼 평생 그렇게 행복할 것만 같았다. 사랑하는 누군가를 만나면 무덤 옆 자리까지 함께할 줄 알았고 핸드폰에 연락처가 쌓여갈수록 그 숫자만큼 응원을 주고받으며 살 줄 알았다.

하지만 어느새 나는 교복 입은 학생들을 보며 돌아갈 수 없는 학창 시절을 그리워하고 있었다. 옆 자리에 묻힐 누군가는 다시 찾아야 했고 저장된 연락처 1,507개 중 밥 한 끼 하자고 연락할 수 있는 사람은 몇 안 남았다.

〈응답하라 1988〉의 후반부는 이별의 연속이다. 공군 장교로 임관한 류준열은 집을 떠나고 아들을 떠나보내는 라미란은 비어버린 아들 방을 보며 한숨 쉰다. 수다로 가득 찼던 쌍문동 골목에는 어느새 철거 딱지가 붙는다.

스물 몇 살의 내가 고등학교에 놀러갔다 돌아오는 버스에서 하염없이 울었던 이유도 쌍문동 골목을 그리워할 누군가의 마음과 같았을 것이다.

어제 친구 녀석이랑 저녁을 먹고 우리 집에서 잤다. 병맥주도 마시고 무심한 듯 속 얘기도 잠깐 했다. 〈세상의 끝까지 21일〉

아침 7시 지금, 나의 꽃이 피어나는 시간

이라는 영화를 보던 중, 흐르는 침을 닦다가 잠이 들었고 새벽 여섯 시에 일어나 같이 축구 동호회에 나갔다.

집에 돌아와 맥주병을 치우고 친구가 잤던 이불을 정리하는데 문득 이런 시간도 언젠가는 끝나겠지 싶었다. 가족이 생기고 자식을 낳고 각자의 생활에 충실해야 할 언젠가가 눈앞에 있는 것 같았다. 10대를 그리워하고 20대를 그리워했던 것처럼 언젠가는 30대인 지금을 '그때는 참 좋았지.' 하며 그리워할 순간이 오겠지….

* * *

마흔 즈음에도 오십 즈음에도 나는 이별한 그때를 그리워할 것 같다. 그렇다면 오늘 내가 해야 할 일은 10년 후에 내가 그리워할 '행복한 지금'을 많이 만드는 것이지 않을까. 그러다 보면 정말로 세상과 안녕할 때에 '이 정도면 행복한 인생이었다.'고 입꼬리 올리며 잠들 수 있지 않을까.

매일 이별하며 살고 있는, 또 하루 멀어져 가는 서른 즈음에

누가 시킨 것도 아닌데 저 홀로 피어난 꽃처럼 나답게, 그렇게

작기만 한 내 기억 속에는 그리워할 것들을 많이 채우며 살아야 겠다.

다시, 아침이다.

오늘을 사는 나에게

산다는 건 과거의 나와 이별하는 것이다.

우리는 과거의 시간과 이별하고 있다. '살아 있는 가장 젊은 날이 오늘이다.'라는 말처럼 오늘이란 어제의 나와 이별하며 맞이한 새로운 날이고, 내일에게 자리를 넘겨주어야 할 숙명의 날이다. 그렇게 하루하루, 더 작게는 매분 매초, 우리는 과거의 자신과 이별한다. 좋아하던 노래를 듣고 과거를 떠올리는 것도 어쩌면 지나간 시간에 대한 그리움 때문인지 모른다. 힘들었던 시절의 노래와 행복했던 시절의 노래, 그런 게 아닌 소소했던 일상의 노래도 마찬가지다. 라디오에 흐르는 익숙한 멜로디에 문득 눈시울이 붉어지면 그건 그리움일 테다. 지나간 날은 그리움으로 남고 추억이 된 과거의 나는 마음 한편 어딘가에 새겨져 있다.

현대 물리학에서는 시간을 상대적이라고 본다. 시간의 화살이 흐르는 방향이 여러 개라는 이론도 있다. 하지만 물리 법칙보다 더 가까이 있는 현실은 우리에게 시간이란 어쩌지 못하는 서글픈 흐름이라고 말한다. 해가 지면 달이 뜨고 달이 지면 해가 뜬다. 그리고 다시 달이 지고 해가 진다. 그것은 되돌릴 수 없고 그렇게 시간은 흘러간다. 그러니 오늘이 우리의 가장 젊은 날일 수밖에 없다. 지나간 시간과 돌아갈 수 없는 과거, 거기에 남은

143

나, 추억은 '과거의 나에 대한 그리움', 그것의 다른 말인지도 모르겠다.

＊ ＊ ＊

2주 전 토요일이었다. 광복절을 기점으로 코로나 확진자가 급증하고 있었다. 예정된 축구 시합 일정이 줄줄이 취소됐다. '어쩔 수 없지.' 체념하고 있었는데 같이 축구하는 동료들에게 연락이 왔다. 몇 명이든 좋으니 연습하자는 제안이었다. 답답하던 마음에 뭐라도 해야겠다 싶었고 별 고민 없이 알겠다고 했다. 그렇게 목동에 위치한 공원에 다섯 명이 모였다. 장마가 지난 높은 하늘은 가을이 오기만을 기다리는 것 같았고 발밑의 잔디는 푸르렀다. 답답하던 마음이 조금 누그러졌다.

고깔 모양의 콘을 깔아 놓고 연습을 시작했다. 놀자고 만났지만 노는 게 아니었다. 놀이보다는 훈련에 가까운 연습이었다. 콘 사이를 지나며 순발력을 기르는 훈련부터 일대일 드리블로 수비를 제치는 훈련까지, 숨은 턱까지 차오르고 옷은 흠뻑 땀에 젖었다. 그렇게 힘들게 2시간을 보냈으니 '다시는 이런 거 안 해!'

누가 시킨 것도 아닌데 저 홀로 피어난 꽃처럼 나답게, 그렇게

라며 걷어찰 만도 한데 그런 생각은 전혀 들지 않았다. 오히려 정말 행복했다. 단지 오랜만에 축구를 했다는 기쁨 이상의 무엇이 있었고 알 수 없는 흥분감은 종일 마음을 들뜨게 했다. 집에 와서 글을 쓰는데도 계속 축구 생각이 머리에 맴돌았다. 잘 보지도 않던 유튜브로 축구 영상을 찾아보기도 했고 좋아하는 선수인 리오넬 메시의 경기 영상을 두 번 세 번 다시 보았다. 잘 때가 돼서야 뭐가 그렇게 좋았을까 싶었다.

순간이 영원할 거라는 착각을 했던 적이 많다. 즐겁고 행복한 순간에는 이 기분이 영원할 것 같다고 생각하곤 했다. 이 친구들과는 평생 지금처럼 좋을 거야! 이 모임은 평생 이렇게 활기찰 거야! 어떤 모임이 흥하면 한동안은 카카오톡 채팅방이 활기를 띤다. 카톡이 하루에 수천 개씩 쌓이고, 쌓여 있는 대화는 읽기만 해도 웃음이 난다. 하지만 시간이 지나고 환경이 바뀌면 언제 그랬냐는 듯 흉가처럼 을씨년스럽다. 예전에는 누가 한마디만 해도 부리나케 답장들이 왔는데 지금은 읽었다는 숫자만 사라지고 답장들이 없다. 그의 말은 사라지는 연기처럼 흐릿하게 남아 있고 누군가 애써 답장을 하지만 대화는 힘을 잃고 맥이 빠져 끝이 난 줄도 모르고 끝난다. 일주일이 지나고 이주일이 지나면 채팅방은 핸드폰 화면 밑으로 밀려나고 동력을 잃은 모임은 과거가 된다.

그들과의 관계가 끝난 건 아니다. 우리는 여전히 과거의 기억을 공유하는 관계 아래 연결되어 있지만 한창 즐거웠던 순간, 채팅방을 불타게 만들었던 그때의 기쁨은 계속되지 않는다. 한마디로 좋았던 시절은 끝났다.

평생 가는 친구와 평생 가는 모임도 많겠지만 관계의 모양과 거기서 오는 감정은 시간이 흐르면 변하기 마련이다. 더 깊어지거나 더 편해지는 관계가 될 수도 있고 의무감으로 이어가는 관계가 될 수도 있지만, 중요한 건 좋든 싫든 관계는 변한다는 사실이다. 멈춘 듯 보이는 시곗바늘의 시침이 조금씩 움직이듯 영원할 것 같았던 관계도 시간이 지나면 달라져 있다.

* * *

축구 연습을 하고 하루 종일 흥분했던 이유는 잠깐이지만 23살의 나를 만났기 때문이다. 매일 축구만 했던 23살의 나. 단지 놀고 싶어서 그랬던 건 아니고 축구협회에 등록된 정식 선수

누가 시킨 것도 아닌데 저 홀로 피어난 꽃처럼 나답게, 그렇게

147

가 되려고 1년 동안 축구 학원을 다녔다. 학교 강의를 오전에 몰아넣고 오후에는 축구공만 찼다. 운동장 7바퀴를 전력으로 뛰다가 구토를 한 적도 있지만 그래도 행복했던 시절이었다. 미래에 대한 걱정을 미루고 내가 좋아하는 것을 잘하기 위해 노력했던 시간이었기 때문이다. 그때 몸에 흐르던 땀방울과 잔디의 촉감, 그 위에서 바라보는 밤하늘, 힘들었지만 살아 있음을 느낄 수 있었다. 축구는 나에게 꿈이자 목표였고 친구이자 연인이었다. 그렇게 매일 공만 찼고 축구만 생각했다. 축구가 주는 행복이 영원할 거라는 생각도 했다. 그것만으로도 행복했다.

하지만 학생 신분이 끝나고 회사 생활을 시작하면서 축구와는 멀어졌다. 칼로 베듯 인연을 끊은 건 아니지만 옛날처럼 축구만 하며 살 수는 없었다. 돈도 벌어야 했고 사람도 만나야 했다. 축구가 인생에서 차지하는 비중은 점차 낮아졌다. 지금은 일주일에 한 번 스트레스를 푸는 정도랄까, 그마저도 코로나 이후로는 못하고 있고, 매일 만나던 친구가 가끔 보는 사이로 변한 것처럼 축구와 나의 관계는 그렇게 달라졌다.

훈련을 한 토요일 오전, 몸도 마음도 흥분했던 이유는 몸에 새겨진 그때의 감각들로 당시의 나를 만날 수 있었기 때문이다.

누가 시킨 것도 아닌데 저 홀로 피어난 꽃처럼 나답게, 그렇게

토요일 오전에 했던 연습은 23살에 죽기 살기로 했던 훈련과 똑같았고 근육이 기억하는 그때의 감각들은 그 시절로 나를 데려갔다. 달빛 비치는 잔디를 뛰어다니던 감상과 살아 있다는 실감, 몇 년 만에 몸에 돌아온 감각들, 그게 나를 흥분시켰다.

살면서 가끔은 그렇게 보낸 시간이 아깝다는 생각도 했다. 그 시간에 공부를 하고 대외활동을 했으면 지금보다 높은 월급을 받고 (남들이 보기에) 더 그럴듯한 일을 하고 있지 않았을까, 라는 생각 때문이었다. 축구를 조금 줄였으면 생계수준이 지금보다 낫지 않았을까, 싶었다. 하지만 결국에, 비록 불가능한 일인 걸 알아도, 당시의 나로 돌아갈 기회가 있다면 그때도 똑같은 시간을 보내지 않을까 싶다. 후회가 없지는 않아도 선택은 바뀌지 않는다는 말이다. 발목을 다친 후에는 '그만해도 되겠다.'라며 포기했지만 그래도 1년간 흘린 땀방울은 긴 인생을 살아갈 자양분이 되었다.

덤으로 배운 게 있다면, 아무리 좋아하는 일도 업으로 삼으면 마냥 즐겁지만은 않다는 것이다. 그리고 때로는 그게 정말 괴로운 일이 될 수 있음도 배웠다. 하지만 사회생활을 하다 보니 나라는 사람은 그래도 동기부여가 안 되고 애정이 안 가는 일보다

아침 7시 지금, 나의 꽃이 피어나는 시간

는 스스로가 즐거워서 하는 일에 훨씬 더 열정을 느끼고 보람도 느낄 수 있는 사람이라는 것도 깨달을 수 있었다. 어쩌면 지금 하고 있는 글쓰기도 많은 부분이 그때의 경험에 빚을 지고 있다. 과장하자면 그때 축구를 배우지 않았으면 글 쓰는 나 추세경도 없었을지 모른다.

＊ ＊ ＊

시간은 흐른다. 영원한 건 없다. 카카오톡 채팅방이 소멸해 가는 것처럼, 축구와 점점 멀어지는 것처럼, 그때만의 행복이 있고 그때만의 열정이 있다. 그 순간을 붙잡고 싶은 마음은 여전히 꿈틀거리지만 그래도 아쉬워하지 않으려 한다. 지나간 시간이 때로는 슬프고 가끔은 그리워도, 보다 중요한 건 어제가 아니라 오늘을 사는 지금, 가장 젊은 날인 오늘이다.

현재의 시간은 영원할 수 없기에 그래서 귀하다. 지금 할 수 있는 최선을 다해야 후회가 없다. 어차피 지나갈 감정이고 어차피 달라질 관계다, 라며 지금의 시간을 허투루 보내는 게 아니라 행복은 지금, 여기에서, 너랑만 느낄 수 있는 감정이니 그것을 더

누가 시킨 것도 아닌데 저 홀로 피어난 꽃처럼 나답게, 그렇게

소중히 하고 싶다는 말이다.

철학자 니체는 자신의 운명을 받아들이자고 말했다. '아모르 파티(Amor fati)'라는 말인데 삶의 필연성을 긍정하고 주어진 운명을 사랑하자는 말이다. 오늘 하루 마주하는 일들에 최선을 다하고 거기서 오는 감정들은 온전히 내 것으로 만드는 것. 그렇게 지나간 일들은 추억으로 마음에 담아내는 것. 하루하루 더해진 추억으로 조금 더 깊고, 보다 더 풍요로운 존재가 되는 것. 그게 내가 살아가는 방법이고 주어진 운명을 사랑하는 방법이다.

지금 이 순간을 잃어버리지 말기

한 달 정도, 몸이 좋지 않았다. 딱히 아픈 건 아니었다. 감기에 걸렸거나 몸에서 열이 나는 건 아니었다. 소화가 안 되는 것도 아니었다. 다만 쉽게 피로가 몰려왔고, 몸 여기저기에 알레르기 반응이 일어났다. 붉게 돋은 녀석들은 좁쌀처럼 작고 가려웠다. 지우개로 쓱싹 지우면 사라질 것처럼 생겼지만 긁을수록 피만 났다. 잠을 푹 자면 괜찮다가도 퇴근하고 긴장이 풀리면 언제 그랬냐는 듯 다시 가려웠다.

스물아홉이던 2018년에 피부병으로 고생한 적이 있다. 그때는 전신의 피부가 뒤집어졌고 증상이 가라앉는 데 3개월이 걸렸다. 당시에 방문한 한의원에서 내 몸을 보고 당황한 의사의 눈빛을 기억한다. 의사는 나에게 조심스럽게 물었다. 집안 청소는 잘하고 있냐고, 이불 빨래는 자주 하냐고.

피부가 아프다는 게 그렇게 괴로운 일인 줄 그때 처음 알았다. 환부에선 열이 났고, 피부는 딴딴하게 부어올랐다. 가려움이 심해 잠도 잘 수 없었다. 한번 긁기라도 하면 손은 멈춰지지 않았고 가려움은 온몸으로 퍼졌다. 긁을 때의 시원함은 쾌락에 가까웠지만 긁을수록 더욱 가려웠다. 결국에는 피가 나야 정신을 차릴 수 있었고 열을 식히기 위해선 찬물로 샤워를 해야 했다.

153

새벽 시간 몽롱한 상태로 찬물을 몸에 뿌리는 건 쉬운 일이 아니었다. 가려워서 긁고, 피가 나면 따갑고, 찬물로 환부를 식히고, 후회하고, 그런 일상이었다.

피부 질환으로 수십 년을 고생하는 분들에 비할 바는 아니지만 그래도 내 입장에서는 그 시절이 꽤나 고통스러웠다. 학생 때 여드름 말고는 피부가 아파본 적은 그때가 처음이었다. 그 후로 컨디션이 저조하면 조그만 알레르기들이 몸에 올라오는데 이번에는 그게 꽤 오래갔다.

그래도 뭐, 이 정도는 괜찮다고 생각한다. 잠드는 데 무리도 없고 가려움의 깊이도 깊지 않다. 아직 완치가 안 됐을 수도 있고 체질이 조금 바뀐 걸 수도 있지만 그래도 이만하게 나은 걸 감사하게 생각한다. 조금 아쉽지만, 정말 그렇게 생각한다.

컨디션은 좋을 때도 있고 나쁠 때도 있다. 어느 정도의 항상성은 있겠지만 그래도 나름의 오르내림을 반복한다. 매일 규칙적인 생활을 해도 그렇다. 사람으로 태어난 이상 늘 같은 몸 상태를 가질 수는 없다. 우리는 그런 걸 바이오리듬이라고 부른다. 30대가 된 이후로 나는 바이오리듬, 그런 몸의 오르내림을 말 그대로 '피부로' 느끼고 있다.

누가 시킨 것도 아닌데 저 홀로 피어난 꽃처럼 나답게, 그렇게

* * *

　그리고 그런 오르내림은 비단 바이오리듬뿐은 아니라고 생각한다. 인생에서 마주하는 많은 것들에 오르내림이 있다. 늘, 언제나, 항상이라는 말은 다정하고 설레는 말이지만 사실은 비현실적인 말이기도 하다. 한 해 한 해 살수록 점점 더 느낀다. 그게 무엇이든, 늘 같을 수는 없다.

　사실 어렸을 때는 변하지 않을 거라고 착각했던 순간이 많다. 하나의 사건이 영원할 거라고 믿곤 했다. 어떤 친구와 친해지면, 서로의 진심을 알고 마음을 나누면 그 관계가 영원할 거라고 생각했다. 하지만 시간이 지나면 어느새 우리는 멀어져 있었다. 서로에게 안 좋은 감정을 품어서가 아니라 각자의 삶에 충실하고 그렇게 살아가는 환경이 달라지면 자연스레 서로 멀어지곤 했다. 물론 오랜 시간을 함께하며 우정을 나누는 친구들도 있지만 이제는 연락조차 하지 않는 관계도 많다. 그렇게 만남과 이별을 반복하다 보니 이제는 누군가와 관계를 시작하는 게 쉽지 않다. 당장에 친해지는 것과 별개로 그 관계를 이어나가기 위해서는 훨씬 더 큰 힘이 필요하다고 생각하기 때문이다. 시간의 변화

155

를 이겨낼 수 있는 어떤 수준 이상의 정성이 필요하다.

수험생 때는 수능 시험이 인생의 전부 같았다. 군대를 전역했을 때는 인생에 자유만이 가득할 거라고 생각했다. 취업에 성공했을 때는 멋진 직장인이 될 줄 알았다. 하지만 순간순간이 지나면 늘 새로운 것들이 눈앞에 나타났다. 수능은 끝났지만 인생에는 새로운 과제와 도전들이 넘쳐났다. 군에서는 전역했지만 어느새 또 새로운 울타리, 안정감을 핑계로 한 또 다른 부자유를 찾고 있는 나였다. 취업의 기쁨도 잠시였다. 회사원으로 사는 게 그저 한 번뿐인 인생에 올바른 선택인지 고민이 많다. 그러면서 깨달은 게 있다면 인생은 언제까지나 흔들릴 거라는 사실이다. 변하고, 흔들리고, 오르내리며 살아가는 게 삶이다.

어느 순간부터는 나름의 자신이 생겼다. 인생을 조금 더 입체적으로 바라보게 되었다고 생각했다. 삶에는 언제나 양면성이 있다고, 기쁨만이 가득해 보이는 사건에도 어쩌면 비극의 씨앗이 숨겨져 있고 때로는 인생의 바닥을 경험해야 희망을 꿈꿀 수 있다고 믿게 되었다. 늘 항상 같을 수도 없고 늘 항상 좋을 수도 없다고, 그렇다고 인생이 언제나 나쁘기만 한 건 아니라고 생각했다. 그렇게 삶의 진리를 깨달은 양 자신하며 살고 있었다. 그럴

누가 시킨 것도 아닌데 저 홀로 피어난 꽃처럼 나답게, 그렇게

수 있는 나이라고 믿었다.

* * *

하지만 이 깨달음엔 부작용이 있었다.

현재를 제대로 살지 못한다는 병. 정말 기쁘고 행복한 일이 생겨도 어느새 불안을 느꼈다. 지금은 행복하지만 언젠가는 또 힘든 일이 닥칠 거라는 불길한 생각. 이 때문에 지금 누릴 수 있는 기쁨을 온전히 즐기지 못했다.

반대의 경우는 조금 나은 편이었다. 힘든 일이 생기면 곧 다시 기쁜 일이 생길 거라는 막연한 생각. 하지만 그런 믿음에는 근거가 없었다. 긍정적인 마음이라고 생각할 수 있지만 냉정히 보면 지금의 위기를 방관하는 태도였다. 좋아진다는 막연한 믿음으로 눈을 감는 무책임한 회피였다.

그런 식으로만 생각하다 보니 인생이 허무하게 느껴졌다. 어차피 변하는 게 인생이면 하루하루 열심히 살아가는 게 무슨 의미가 있을까. 출퇴근을 하고, 월급 받고, 돈을 모은다. 글을 쓰고, 운동을 하고, 친구들을 만난다. 근데 이런 것들이 모두 언젠가는 사라질 거라고 생각하면 괜스레 허무하다는 생각이 든다. 어차피 배고파질 거 밥은 왜 먹고, 어차피 이별할 거 사랑은 왜 하고, 어차피 흙이 될 거 왜 살고 있을까. 아주 많은 시간 뒤에는 그 누구와도 이별할 수밖에 없다. 나와의 이별과 너와의 이별, 그리고 인생과의 이별이다.

　무엇이든 변한다는 마음은 미래에 초점이 있다. 힘들어도 다시금 좋아질 거라는 믿음은 긍정적 마음이지만 그런 식으로만 믿다 보면 지금이 왜 힘든지, 그걸 극복하기 위해서는 어떻게 해야 하는지 그에 대한 고민을 소홀히 할 수 있다. 오지 않은 미래를 떠올리며 지금 이 순간을 회피할 수 있다. 그리고 그건 좋을 때도 마찬가지다. 환희에 찬 순간, 그게 곧 사라질 거라는 생각은 현재에 누릴 수 있는 온전한 기쁨을 반납하는 것이다. 발생하지도 않은 일을 생각하며 오늘을 더 만끽하지 못한다. 더 행복해질 기회를 사전에 차단하는 것이다.

　지난 한 달도 그랬다. 피부가 재발했지만 대수롭지 않게 여겼다. 어차피 좋아질 거라고 믿었기 때문이다. 조금 쉬면 자연히 낫겠지, 싶었다. 하지만 한 달이 지나도 병변은 그대로였다. 아마 몸의 컨디션과 별개로 알레르기가 하나의 질환으로 자리를 잡은 것 같았다. 결국 여자 친구의 조언을 듣고 병원에 가서 약을 처방받았다. 일주일 정도 연고를 바르니 많이 좋아졌다. 안 해도 될 고생을 한 달 동안 한 게 아닌가, 싶었다. 그리고 그게 악화되었으면 더 큰 고생을 했겠지, 라는 생각도 든다. 막연한 믿음으로 내 상태를 방치해둔 꼴이다.

* * *

인생에는 오르내림이 있다는 것, 늘 항상 같을 수는 없다는 것, 여전히 그 믿음에는 변함이 없다. 그게 몸이든, 인생이든, 뭐든 마찬가지다. 하지만 그런 인식이 어쩌면 오늘의 삶을 게으르도록 방치할 수 있음을 깨달았다. 살아 있는 지혜나 살아가는 연륜이 아니라 인생을 허무하게 만드는 우쭐한 착각일 수 있다는 걸 느끼고 있다.

현재를 다시금 되찾아야 한다. 어차피 지나갈 인생이라는 생각은 접어두고 오늘의 행복을 즐기고 싶다. 어렵사리 과거로부터 빼앗은 현재를 미래에 도난당할 수는 없다. 난 현재를 다시금 되찾고 싶었다.

아침 7시 지금, 나의 꽃이 피어나는 시간

매미가 열 번 울고 내게 남은 것

나이를 실감하지 못했던 건 언제부터일까.

나이가 들수록 시간은 빨리 간다. '나이가 삶의 속도다'라는 어른들의 말씀도 그렇고, 나이를 먹을수록 도파민의 감소에 따라 시간을 빠르게 느낀다는 뇌과학의 이론도 그렇다. 무엇보다 매년 피부로 느끼는 게 맞다면 나이가 들수록 시간이 빨리 간다는 말은 인문학적 팩트다. 하루가 금방 저물던 게 엊그제 같았는데 이제는 일주일이 뭔가, 한 달도 금세 지난다. 28개월을 근무하고 스물여덟에 전역했으니 어느새 군에서 복무했던 기간보다 사회에서 생활한 시간이 더 길어졌다.

그런 이유 때문인지 언제인가부터 나이가 별로 실감되지 않았다. 어렸을 때는 나이와 내가 착 달라붙은 느낌이었다. 그냥 추세경이 아니라 14살의 추세경, 17살의 추세경이라 해도 될 만큼 나이가 나를 대변하는 것 같았는데, 이제는 그런 느낌이 사라졌다. '딱 이때부터예요.'라고 말하기는 어렵지만 그런 시기가 지나고부터는 스물다섯인지 스물여섯인지보다는 이십 대 중반, 후반 하는 식으로 나이를 가늠하기 시작했다.

지금은 서른이 된 지 1년 8개월이 지났다. 서른을 넘기고 1년 반이 지날 무렵에서야 스스로를 삼십 대로 인식하기 시작한 것 같다. 서른한 살의 청년, 서른한 살의 사회인, 어딜 가도 자꾸 결혼 얘기를 묻는 걸 보면 정말 삼십 대가 맞나 보다. 삶의 속도도 시속 31킬로미터가 되었을까?

* * *

장마가 끝나면 매미가 운다.

매미가 우는 걸 보니 비로소 장마가 끝났지 싶다. 54일이나 지속된 장마였고 뉴스를 들어보니 역대 가장 길었던 장마라고 한다. 임시 공휴일을 맞아 동네 카페에서 글을 쓰는데, 잘 안 써지기도 하고 에어컨 바람에 머리도 아파 잠시 카페를 나와 인근 아파트 단지를 산책했다. 단지 초입에는 공터가 있었는데 아파트 벽에 둘러싸여 그늘이 져 있었다. 거기엔 몇 개의 운동기구가 있었다. 벤치도 몇 개 있어서 하나를 골라 누웠다. 누워서 하늘을 바라보니 이게 얼마 만에 본 맑은 하늘인지 하얀 구름이 반가웠다.

하늘에는 잠자리가 날았다. '잠자리가 저렇게 높이 날았나?' 하고 있는데 매미가 울었다.

매~애애애애애애애~앰.

누가 시킨 것도 아닌데 저 홀로 피어난 꽃처럼 나답게, 그렇게

두 달 내내 구멍 난 하늘처럼 비가 오더니 어느새 또 장마가 가고 여름이 왔다. 땅을 덥히는 햇빛 소리와 '더 초록이 돼라.' 하면 '이 이상은 어려워요.' 할 것 같은 푸른 이파리, 그 사이를 뚫고 울리는 매미 소리, 완연한 여름이었다.

벤치에 누워 매미 소리를 듣고 있으니 10년 전 삼수했던 시절이 떠올랐다. 도서관에서 혼자 공부하던 시절이었는데 그때는 1교시, 2교시 하면서 50분을 공부하고 10분 쉬는 일상을 반복했다. 쉴 때는 도서관에 붙어 있는 공원을 한 바퀴 돌았지만 무더위가 기승을 부리면 그늘 진 벤치에 누워 멍하니 하늘을 바라봤다.

벤치에 누워 바라보는 파란 하늘과 누워 있는 나, 10년 전의 공원과 지금의 아파트 공터… 생각해보니 같은 일이 반복된다. 스물한 살의 나도, 서른한 살의 나도 벤치에 누워 매미 우는 소리를 듣고 있었다. 그 순간, 21살의 나로 돌아간 느낌이 들었다. 변한 건 뭐고 변하지 않은 건 뭘까? 열 번의 매미가 울고 내게 남은 건 뭘까? 궁금해졌다.

10년은 짧은 시간이 아니다. 한 개인의 사회적 역할이 변하기에 충분한 시간이다. 10년이면 야간 자습에 시달리던 고등학생이 야근에 허덕이는 사회인이 되기도 하고, 첫 월급에 기뻐하던 신입사원이 프로젝트를 맡는 과장님이 되기도 한다. 미팅에 설레던 학생이 평생을 약속한 남편이나 부인이 되는가 하면, 아들딸의 사춘기를 견디던 부모들이 어느새 자란 자녀들을 보고 '결혼은 언제 하나? 애는 언제 낳나?' 하며 손주를 기다리는 나이가 되기도 한다.

삼수 하던 시절부터 10년 동안 많은 일이 있었다. 4년 동안 대학을 다녔고 28개월을 군대에서 보냈다. 전역하고 3년째 회사를 다니고 있으며 이제는 본가에서 독립해 낯선 동네에 혼자 살고 있다. 황홀하다 싶을 만큼 행복했던 시간과 '이런 게 절망이구나.' 하며 속이 텅 비었던 시간도 있었다. 여러 사람을 만났고 여러 가지 일이 있었다.

벤치에 누워 하늘을 바라보니 10년 전의 나와 지금의 내가 다른 게 없는 것 같았다. 많이 변한 것 같았지만 전혀 변한 게 없는 것 같기도 했다. 그리고는 '덧없다.'라는 생각이 들었다. 사랑했던 시간과 이별을 견딘 시간, 성취했던 경험과 실패했던 날들, 그런 시간들은 어디에 가고 어느새 또 벤치에 누워 울리는 매미 소리를 듣고 있는지, 무상하다 싶었다. 그리고는 고민이 스친다.

어떻게 살아야 할까?

앞으로의 10년은 어떻게 될까?

10년이 지나면 마흔한 살이 되고 마흔이란 흔히 '불혹'이라고 불리는 나이다. '유혹에 흔들리지 않는다.'는 뜻인데, 잘못된 일들에 미혹되지 않는다는 말이다. 하지만 고민해본 결과 '어떻게 살아야 할까?'라는 질문에 대한 나의 대답은 불혹을 말했던 공자의 말씀과는 맞지 않았다.

유혹에 혹하지 않는 삶이 아니라 가끔은 흔들리고 때때로 미혹되더라도, 그런 방황에서 느껴지는 많은 감정들을 소중하게 여기는 삶이었으면 좋겠다. '원래 인생이란 이런 거야.', '원래 슬픈 건 그런 거야.'라며 무뎌지기보다는, 사랑을 처음 시작하는 사람처럼, 처음 이별을 경험하는 사람처럼 거기서 오는 감정들을 생생하게 느낄 수 있는 삶이기를 바란다. 가끔은 사는 게 너무 슬프고 절망적으로 느껴져도 그런 마음을 내가 살아 있다는 증거로 받아들이고 그것들이 마음에 새길 흔적들을 '덧없다는 후회'가 아니라 '살아 있다는 소회'로 남기고 싶다.

다행히 글을 쓴 이후로는 그런 감상들을 (완벽하지는 않아도) 나름의 정제된 형태로 마음에 기록할 수 있게 되었다. 힘들기도 하고 애도 써야 하지만 그렇게 남기는 기록들은 감사하게도 마음에 쌓여 나를 더 풍요롭게 만든다.

괴테는 〈파우스트〉라는 책에서 '인간은 노력하는 한 방황한다.'라고 말했다. 잘못된 것들에 미혹되지 않는 삶도 좋지만 점점 더 빨라질 앞으로의 10년도, 보다 더 빨라질 앞으로의 20년도, 노력하는 한 방황하며 더 많은 것을 느끼고 더 많은 감성을 쌓는 존재가 되고 싶다. 10년이 지나 또 어느 벤치에 누운 날, 지나온 10년이 덧없다고 느껴지면 10년간 느껴왔던 감정들로 이미 더 풍요로운 존재가 되었음에 만족하고 싶다.

* * *

매미는 울고, 파란 하늘에는 잠자리가 날았다. 구름은 하얗고, 벤치에 누운 나는 눈을 감았다. 변한 건 뭘까, 변하지 않은

누가 시킨 것도 아닌데 저 홀로 피어난 꽃처럼 나답게, 그렇게

건 뭘까, 매미가 열 번 울고 내게 남은 것, 매미가 열 번 더 울면 그때 내게 남을 것, 그게 궁금해진 하루였다.

아침 7시 지금, 나의 꽃이 피어나는 시간